Ask the Past
Pertinent and Impertinent Advice from Yesteryear

Ask the Past
Pertinent and Impertinent Advice from Yesteryear

餐桌上的
中世紀冷笑話

耶魯歷史學家
破解古典歐洲怪誕生活

Ask the Past
Pertinent and Impertinent Advice from Yesteryear

伊麗莎白・阿奇柏德
Elizabeth P. Archibald／著
何玉方／譯

從中世紀到啟蒙時代的奇思妙想,
過去幾世紀以來最具權威、廣為流傳的睿智建言,
本書爬梳五至十九世紀各類教戰手冊與指南,
從健康養生、飲食、親子教養,到社交禮儀、戀愛法則,
以充滿趣味的視角,觀看古歐洲人的生活日常。

前言

――――◆◆◆――――

「想辦法偷蜜蜂」並不在我的待辦事項清單中，但有時候，竊取蜜蜂的技術自動找上門來。我在約翰·霍普金斯大學皮博迪學院任教，講授教戰手冊的歷史發展，在為新學期備課之際，我發現自己置身在喬治·皮博迪圖書館內珍貴的館藏區，翻閱著一本本引人入勝的古書。

我的調查研究有了一些重大發現：十九世紀當地印刷的手相指導手冊、由一流的捕鼠專家所寫的清除害蟲綱要，1884 年所出版的《如何強健身體》（How to Get Strong），書脊上誇張的二頭肌，標榜了此書的價值。而夾雜在搶救腐敗的鹿肉、和喝沙拉油預防酒醉的技術指南當中，還有這一個：「如何竊取蜜蜂」，那時我就知道，這些教戰手冊值得擁有更廣泛的讀者群。

我開始在部落格上張貼歷代祖宗五花八門的建議，來娛樂我的朋友和同事。很快地，我開始收到來自世界各地的詢問：「親愛的老祖宗，」他們問道：「我應該如何洗頭髮呢？」「我該如何讓老闆對我刮目相看呢？」「我該怎麼打包渡假行李呢？」（這些問題的答案依序為：蜥蜴、

粉紅色的衣服、醃漬的舌肉。[1]）

　　本書所含括的這些教戰文本被粗略的分類、保存在圖書館中，都是些隨選的奇思妙想。然而，我們所看到的這些教戰指南有著一些非常明確的特點，因此我想在這本書中特別描繪出來，來保存這些意外的發現。

　　最重要的一點是，所有的指導方針能夠在書本留存下來的這個事實，意味著作者認為這些是值得記錄的、而抄寫員或印刷工也認為它們值得傳播。因此，從歷史學家的觀點來看，十六世紀對於打嗝的建議，是關於禮儀發展的珍貴史料，也是關於書和書寫操作指南的歷史。

　　這些文本也有某些共同的目標。教戰「如何執行」的文本是作者與讀者之間的一種約定，作者提出指導方針，而讀者信奉執行。在這約定之下，作者提出的是意見和權威，讀者則產生出令人無法抗拒的腹肌、袋熊形狀的蛋糕、和構造完美的 IKEA 梳妝台，至少理論上如此。這種約定暗示於 1579 年一本妙計大全的序言中：作者向讀者承諾，「他們的錢絕對不會白花」，因為這些成功的妙招，將會為他們省下一本書價格二十倍的金錢，如作者所說：「迄今，痛苦和遊歷都是我的，而收獲和快樂從此將是屬於你的[2]。」

---

1 參見〈如何洗髮〉，頁 90；〈如何圓滿達成出差任務〉，頁 211 和〈如何打包行李〉，頁 46。
2 湯瑪士・洛普敦（Thomas Lupton）《一千件值得注意之事》（*A Thousand Notable Things of Sundry Sortes*）（倫敦，1579），扉頁。

教戰指導手冊提供了可能性。這些指導方針向讀者保證，要克服自然或社會的限制，並不需要神助、或與生俱來的特權、或長年的實踐——只需要一個聰明的技術，或許，還需要黃鼠狼的膽汁。

各類禮儀指導的文本盛行

想一想安東尼奧・艾瑞納（Antonius Arena）1530 年的跳舞指南，文中告誡大家「女士們……會嘲弄、恥笑那些舞跳不好、也不懂舞步的人，批評『那些人都是鄉巴佬啊』……。國王、皇后、伯爵和男爵自己都愛跳舞，也會命令他人跳舞[3]。」老實承認吧：你就是個鄉巴佬。但是繼續讀下去，你就會變得溫文爾雅，甚至「學會如何跳舞，或許可以藉此獻上深情之吻[4]。」

這些古老又有助益的傳統文本，旨在讓你彬彬有禮（courteous）、溫文爾雅（urbane）又文明（civil），都意味著「不是一個鄉巴佬[5]」。中世紀文本，諸如貝克爾斯的丹尼爾（Daniel of Beccles）的《文明人

---

3 約翰・格思里（John Guthrie）和馬里諾・佐爾齊（Marino Zorzi）編譯，出自「跳舞準則」（Rules of Dancing），《舞蹈研究》（Dance Research）第四卷第二期（1986），頁 8-9。
4 出處同上，頁 26。
5 拉丁文 Curialitas 是形容一個人在宮廷（curia）之中很自在，從而成為有禮貌的形容詞（courteous）；Urbanitas（拉丁文：文雅之意）指城市（urban）居民的素質；Civilitas（拉丁文：禮貌之意）亦與城市（civitas）一字相關。

之書》（原文 Urbanus magnus 或 Liber urbani; 英文譯文 The Book of the Civilized Man），早已經注意到禮貌的重要準則，例如：不攻擊正在蹲著排便的敵人。

至十六世紀，隨著識字能力的提升，和印刷術發展所帶動的文本流通，關於禮儀的建議隨處可見。荷蘭鹿特丹偉大的人文主義者伊拉斯默斯（Erasmus）於 1530 年寫了《男孩的禮貌教育》（原文 De civilitate morum puerilium; 英文譯文 On Civility of Children's Manners），書中提出一個精彩的前提，小學生可以從這本書當中，同時學到「放屁的禮儀」和「拉丁文」[6]。在義大利這個宮廷文化興盛之地，巴爾達薩雷・卡斯蒂利奧尼（Baldesar Castiglione）於 1528 年出版的《廷臣論》（原文 Il libro del cortegiano; 英文譯文 The Book of the Courtier）脫穎而出，成為最具影響力的義大利文學作品之一；探討宮廷朝臣最理想的特質（例如，有品味的穿著）。喬凡尼・德拉卡薩（Giovanni della Casa）的《禮儀》（Il Galateo overo de' costume）則告誡，如果講了一個糟糕的笑話，會讓人覺得像是「一個穿著緊身背心、屁股大大的胖子在扭腰擺臀地跳舞[7]」。這些禮儀指導（尤其是伊拉斯默斯和德拉卡薩的）被廣泛模仿，為快速

---

6 參見〈如何放屁〉，頁 32。
7 參見〈如何講笑話〉，頁 139。

增長的廣大讀者提供文明發展的承諾。

關於日常生活建議的手冊激增

　　如果這一類的文本提出了自我塑造的可能性，也就是說，從粗魯的鄉巴佬，轉變成一位世故、又文雅的朝臣，另一種廣為流傳的教戰守冊則承諾幫助你改變周圍的世界。「自然界的祕密」、「怪誕念頭」、和「驚異奇聞」這一類曾吸引近代早期歐洲讀者的收錄，其實源自於神祕的希臘煉金術傳說這種更古老的傳統，雖然，從他們專注於消滅臭蟲、和涉及肉類的惡作劇的內容當中，不會有人想到這之間有關聯。現存於歐洲最早的「祕訣」相關書籍，可從九世紀重要的古老資料來源得到證實，包括玻璃、皮革和墨水的著色技術，清潔銀器，和建造破城槌。有人懷疑「打造頂級黃金的祕方」是一個吸引顧客的賣點：文中承諾「會使人驚嘆不已」[8]，即使這個驚嘆是關於「我不知道我的頂級黃金在何方」此一類型，失敗的煉金術士仍可以繼續閱讀，並藉由煉出了一批很好的法式香皂或芝麻甜點，來安慰自己。

---

8 西里爾・斯坦利・史密斯（Cyril Stanley Smith）和約翰・G・霍桑（John G. Hawthorne）譯。出自 'Mappae Clavicula: A Little Key to the World of Medieval Techniques', *Transactions of the American Philosophical Society*, 64 卷, 4 期 (1974), 頁 30。

就連比較近期的文選都給自己添加了一點懷舊的味道。中世紀的歐洲學者開始在阿拉伯文本中，尋求古代的科學和醫學知識之際，亞里士多德（眾人稱道的「哲學家」）也名列其中。搭上亞里士多德作品順風車的，是一本百科全書式的拼湊文集，關於阿拉伯的政治、醫療、和占星術的知識大全，書名為《祕密中的祕密之書》（原文 *Kitāb Sirr al-Asrār*；拉丁譯文 *Secretum secretorum*）。奇怪但可以預見的是，「亞里士多德」高度機密的祕密成為歐洲的暢銷書，甚至使亞里士多德本尊的作品相形失色許多。擅用「哲學家」之名，以抬高作品身價的這種手法，持續了好幾百年，最好的例子就是1684年廣受歡迎的性愛手冊，眾所周知的《亞里士多德名著》（*Aristotle's Masterpiece*）或《名哲學家亞里士多德的著作》（*The Works of Aristotle, the Famous Philosopher*）。（想像一下這段對話：「你在看什麼書？」「哦，只不過是亞里士多德，那位著名哲學家的作品啦」。）

中世紀和近代早期的讀者可曾懷疑過，這位古代哲學家所兜售的竟然是牙齒美白和去污妙方，而不是超然存在和煉金術法則呢？想當然耳。但是這些文本的世俗傾向幾乎無損對大眾的吸引力。隨著印刷業的發展，新的一批專業人士，如印刷業者和專業作家，開始向廣大的讀者群推銷書籍，關於日常生活的建議小冊子迅速激增，諸如義大利一位印刷業者

於 1525 年出版的《祕方全集》（*Dificio di ricette*），滿足廣大讀者對於如何長出鬍子、如何在水中燃燒蠟燭這類的求知欲望。

實驗者與「祕密之書」的崛起

追求指點迷津的這股狂熱也促成了阿列修・皮蒙特西（Alessio Piemontese）（一般認為與人文學者吉洛拉默・魯歇里〔Girolamo Ruscelli〕為同一人）的成功。其祕密之書在 1555 年首次出版[9]，不到五十年的時間，已經出現了八種語言、七十種版本。書的序言讀起來倒是有點像電視購物節目：

> 我周遊世界各國的這二十七個年頭裡，目的在於結識各式各樣學識豐富又謹慎的人。由於這種勤奮和好奇的天性，我學到了許多相當精彩的祕技，不只是學識淵博者、或貴族，還有彆腳的女性工匠、農民、各種人的祕技[10]。

---

9 參見威廉・埃蒙（William Eamon），《科學和自然的祕密：中世紀和近代早期文化的祕密之書》（*Science and the Secrets of Nature: Books of Secrets in Medieval and Early Modern Culture*）（普林斯頓，1994），頁 147-55。

10 《阿列修・皮蒙特西大師的祕技》（*The Secrets of the reverend Maister Alexis of Piemont*）。威廉・沃德（William Ward）譯（倫敦，1562）。

以「彆腳的女性工匠」之祕技作為行銷資源，和冒用亞里士多德之名自抬身價的手法，呈現出截然不同的效果，突顯出不再依賴古老權威、而傾向於實驗興趣的一種普遍趨勢。這類的祕技文選通常會在提供訣竅之後，附加「Probatus」的字眼（即「已試驗」或「已證實」之意），或是補充一則簡短的趣聞軼事，說明此祕方如何有效。（「我認識一個人，胖得不得了……服用此藥之後就瘦了」引述自湯瑪士・洛普敦（Thomas Lupton）的十四天快速瘦身療法[11]。）

大眾對於祕技的渴求，造成實驗者這一類型的人出現，即眾所周知的「祕密教授」，這個稱號展現出霍格華茲魔法學院般的迷人魅力，但掩蓋了反宗教改革迫害的事實。其中一位就是吉安巴蒂斯塔・德拉・波爾塔（Giambattista della Porta），他對於自然界神奇力量的迷戀，不為教會所認同。雖然他對大自然奇特之處的迷戀幾乎到了病態的程度，但德拉・波爾塔的「自然魔法」聽起來再普通不過了。比方說，想讓桃子長出像人頭的形狀，只要把桃子塞進人頭模型就成了，這就算作是自然界的神奇。（為了避免你納悶，我告訴你，這也挺令人毛骨悚然的！）

讓桃子生出一張臉或許不算是知識探索或實驗科學的巔峰之作，但

---

11 參見頁 141。

它卻是很好的實例，說明了「祕密之書」的重要性、以及一般教戰手冊的蓬勃發展。正如禮儀指導手冊提出宮廷生活規範，供所有讀者參考，而祕密之書則提供給大眾掌控大自然的力量。

當然，也得要這些訣竅真行得通才是。以現代人眼光看來，有些療法和技巧的實際功效著實令人懷疑，難道讀者真的信奉不移嗎？舉個例子來說吧，1581 年如何在水面上行走的方法：把兩個小盤子綁在腳底下，依指示在水面上邁出大步，以「鍛練自己的體格氣魄和敏捷」。如果這種技術並沒有讓你信服，你並不是唯一一人：有位犀利的讀者，在那本書的頁邊空白處寫下，「如果你要沉下去，千萬記得要在水面上下沉哦」。[12]

這個小小的嘲弄或許在暗示教戰手冊並沒有達到承諾，然而，教戰手冊所傳達的不只如此，它們並不只是概述如何以最簡單的方法，達到所期望的結果，有些建議其實是為了製造文學趣味而提出的，例如古羅馬詩人奧維德（Ovid）《愛的藝術》（*Ars amatoria*）充滿詩意又具狂氣的作品（儘管其溫和自然的搭訕動作——假裝拍掉她衣服上的灰塵！或

---

12 湯瑪斯・希爾（Thomas Hill），《自然工藝合體論》（*A Briefe and Pleasaunt Treatise, Intituled, Naturall and Artificiall Conclusions*）（倫敦，1581）。參見〈如何在水面上行走〉，頁 42。有此批註的文本取自 Huntington 圖書館。

許真的有效果)。但即使是比較含蓄的仿文學文本,除了嚴肅的傳達製作牙膏的配方之外,也可有其它作用。教戰手冊的作者認清有時荒謬的傳統形式,而刻意戲弄之,例如,諷刺性模仿中世紀的一則食譜,保證製作出「一道好菜給愛吃它的人」,食材包括數品脫的汗水、卵石油脂、金翅雀的腳跟、和蒼蠅的腳[13]。無可否認的,歷史年代的久遠使我們更難區別諷刺性模仿和真實性,尤其是當耳垢被視為治療眼疾的處方,而鰻魚的膽汁居然也是基本原料時。不過,教戰手冊還是包含一些無傷大雅的惡作劇成分(臭名昭著的放屁蠟燭)、和愚蠢的趣聞軼事(如何用貓小便滅火),代表它們除了作為參考指南之外,也是令人愉快的讀物。

秉持這種精神,我提供給你這些指南。雖然,我還是希望你能夠全部都嘗試看看。

---

13 梅利塔‧偉斯‧亞當森(Melitta Weiss Adamson),'The Games Cooks Play: Non-Sense Recipes and Practical Jokes in Medieval Literature',出自 *Food in the Middle Ages: A Book of Essays*,梅利塔‧偉斯‧亞當森主編(紐約,1995),頁179。

關於文本的注意事項

　　本書所收集的文本是基於個人對中世紀和近代早期歐洲教育、和對書本歷史的興趣，也因而確定了文本的年代和地域範圍（從近古直到近代早期歐洲，偶爾一些越界的趣味遊歷外，幾乎全部都是歐洲文本）。前人的智慧與生活哲學當然要比本書所呈現的更為廣泛，而我鼓勵大家主動向他們求教。

　　文本呈現的次序並無嚴格的時間順序或是主題結構，我遵循的是許多資料來源的範例。首先，很難確定資料的確切起源時期，因為實用的建議持續廣為流傳：老普林尼[1]（Pliny the Elder）提出用紫羅蘭花環作為解酒療法，而這項建議仍然時不時的冒出來，可能還會繼續流通，直到某一天人類有幸發現真正有效的解酒療法為止。本書所摘錄的文本並不代表這是它們首度出現在印刷本（或手稿）中，而是代表讀者接觸到這些文本的時期。同樣的道理，文本所顯示的年代指的是我所參考版本的年代，並不見得都是原始版本（而這些文本的出版日期、以及翻譯相關資訊，都會在註釋中補充說明）。

　　這些文本五花八門的性質，也是遵循資料來源的範例。將收錄文本依主題編排會是不合乎時代順序的，反映的是知識分類，而非時期，比方說，音樂是數學的一個分支，而食譜教導你如何保養你的頭髮。舉湯瑪士・洛普敦（Thomas Lupton）《一千件值得注意之事》（*A Thousand Notable Things*）（1579）為例，此書收集古代和近代各種主題的相關知識，以非常有趣的混亂次序呈現，在單一頁面中，讀者將會驚嘆：

▼ 用糖和一小塊奶油治癒傷口的技術
▼ 關於作者在1577年6月遇到的一個小孩子,「真的吃了自己臂上的羊毛袖子,除此之外,她也吃了一隻手套」的故事
▼ 補救禿頭的方法(老鼠糞便、燒焦的黃蜂、榛果、醋)
▼ 用一根蠟燭使青蛙停止呱呱叫,萬無一失的方法

對於我自己混亂的組織,我提不出比洛普敦《一千件值得注意之事》的序言更好的解釋了:

> 或許你正納悶,我為何沒有將內文以更好的次序安排、主題相近的文本都沒有銜接在一起。老實說,有這麼多五花八門、種類繁多、以及效果矛盾的文本收錄在一起,實在不容易清楚歸類。依我的判斷,透過這些不可思議、多樣化的主題,將會成為更吸引人、更有趣的讀物。要了解我們人的天性如此,精心考究令我們歡喜,但對於長期吃同一種食物,也會感到厭煩。同時,與短程遊歷於經常造訪之地相比,長時間漫遊於奇妙的鄉野之處比較不會使我們感到疲累[2]。

享受你的探索之旅吧!

---

1 老普林尼 (A.D.23-79),古羅馬作家、博物學家、百科全書編纂者。

2 洛普敦(Lupton)A3v.

目 錄 contents

前言 4
文本注意事項 14

居家生活

如何將臭蟲趕盡殺絕 28
如何捉蒼蠅 43
如何照顧你的貓 45
如何養馬 60
如何保養你的魯特琴 61
如何解夢 79
如何利用龍蝦輔助園藝 87
如何殺跳蚤 91
如何整理草坪 128
如何殺死蛇 136
如何清除汙漬 143
如何驅除蚊子 157
如何滅火 162
如何升火 173
如何照顧你的狗 215
如何處理書籍 216
如何種甜瓜 218
如何預測生活花費 242
如何製作草皮長凳 245
如何養貓 251
如何生活 254

健康養生

如何解酒 — 40
如何治療流鼻血 — 44
如何消除頭痛 — 53
如何防止背痛 — 63
如何治暈船 — 74
如何照護牙齒 — 82
如何治失眠 — 98
如何治療禿頭 — 102
如何自我防護免受羅勒草侵害 — 105
如何使頭腦清楚 — 108
如何治牙痛 — 117
如何測量脈搏 — 119
如何治癒各種傷口 — 127
如何保健牙齒 — 132
如何治噁心 — 158
如何保持年輕 — 166
如何保持健康 — 169
如何預防瘟疫 — 182
如何治療眼疾 — 189
如何預防喝醉酒 — 199
如何治頭痛 — 200
如何入眠 — 201
如何保持雙手溫暖 — 208
如何治頭腦阻塞 — 209
如何改善記憶力 — 210
如何治放屁 — 226
如何清醒或入眠 — 233
如何治喉嚨痛 — 244
如何治療酸痛 — 249

美容時尚

如何在有限的預算下保持體面 — 37
如何在水中修剪腳指甲 — 41
如何清潔牙齒 — 52
如何將頭髮染成綠色 — 55
如何打理跳舞的裝扮 — 65
如何增肥 — 66
如何減重 — 67
如何使用鑽石 — 85
如何鍛練身體 — 89
如何洗髮 — 90
如何自製護唇膏 — 110
如何刺青 — 114
如何打理游泳裝扮 — 130
如何在十四天內瘦身成功 — 141
如何準備沐浴 — 146
如何治療青春痘 — 150
如何打扮給人留下印象 — 159
如何靠摩擦力健身 — 160
如何美白牙齒 — 163
如何打理騎單車的裝扮 — 175
如何洗頭 — 179
如何修眉 — 223
如何穿軟木高底鞋 — 225
如何打理你的鼻子 — 239
如何瘦身 — 243

親子教養

如何避免懷孕 —— 50
如何安撫小孩 —— 51
如何生孩子 —— 59
如何幫你的小孩穿衣服 —— 62
如何培養你的小孩 —— 77
如何生出漂亮的小孩 —— 116
如何幫幼童伺酒 —— 122
如何換尿布 —— 135
如何判定自己是否懷孕 —— 193
如何餵小孩吃飯 —— 195
如何保護嬰兒 —— 202
如何懷孕 —— 219
如何照顧新生兒 —— 220
如何幫嬰兒洗澡 —— 232
如何安撫長牙的嬰兒 —— 236

飲食

如何選擇啤酒 — 26
如何搭建麵糰城堡 — 49
如何製作粉紅色的鬆餅 — 68
如何煮咖啡 — 70
如何摺疊出令人驚羨的餐巾紙 — 75
如何捕捉魟魚 — 76
如何烹煮豪豬 — 88
如何裝飾餐桌 — 93
如何收割風茄 — 97
如何製作巨蛋 — 125
如何善用柳橙 — 133
如何製作法式吐司 — 142
如何成為主廚 — 145
如何製作起司歐姆蛋 — 149
如何喝啤酒 — 153
如何製作巧克力 — 168
如何製作番茄醬 — 170
如何釀造公雞麥芽啤酒 — 185
如何製作通心粉和起司 — 186
如何在盛宴中來一道活鳥上菜 — 190
如何使烤雞發出雞啼聲 — 192
如何製作聖誕節派餅 — 206
如何製作乾麵條 — 221
如何製作蝸牛麵包 — 227
如何使用培根肉 — 230
如何快速調出雞尾酒 — 231
如何選擇廚師 — 240
如何預防老鼠偷吃乳酪 — 247

社交禮儀

如何對待大一新鮮人　29
如何放屁　32
如何談論你的孩子　35
如何擺脫好辯之人　39
如何寫慰問信　57
如何喝湯　72
如何像紳士般游泳　80
如何像學者一樣與人交際　84
如何製造晚餐對話　100
如何避開認識的人　111
如何訪問海外人士　112
如何解放　126
如何有禮貌地打嗝　137
如何講笑話　139
如何從舞會災難中平復心情　151
如何與人交談　154
如何有禮貌地進食　155
如何跳舞　156
如何在餐桌上就座　165
如何扮好男爵夫人的角色　197
如何打贏官司　198
如何在跳舞時展現優雅神態　203
如何婉拒主子的老婆　204
如何圓滿達成出差任務　211
如何從舞會中脫身　222
如何調整你的姿態　229
如何像紳士般地穿著內衣　238
如何在學校守規矩　253

兩性溝通

如何在舞會中令女士印象深刻 —— 24
如何搭訕女人 —— 30
如何吸引情人 —— 103
如何增進慾望 —— 109
如何為女士調酒 —— 118
如何魅惑男人 —— 164
如何向男人施展魅功 —— 171
如何讚美女士 —— 177
如何治相思病 —— 187
如何親吻 —— 212
如何對你的女人甜言蜜語 —— 217
如何安排求愛行程 —— 235

軍事武器

如何攻擊敵船 —— 34
如何製造鳥飛彈 —— 115
如何製作毒箭 —— 250

旅遊

如何打包行李 —— 46
如何選擇船上的座位 —— 71
如何在旅行時也能安眠 —— 172

特殊才能

如何判定一個人是生是死 ———— 33
如何在水面上行走 ———— 42
如何使人放屁 ———— 54
如何騎馬 ———— 69
如何訓練會表演的狗 ———— 73
如何使龍噴煙火 ———— 86
如何預測時間 ———— 95
如何訓練貓耍花招 ———— 99
如何訓練你的雀鷹 ———— 106
如何唱歌 ———— 121
如何在水中彈跳 ———— 131
如何讓人笑到死 ———— 140
如何讓自己隱身 ———— 161
如何預知死亡是否即將來臨 ———— 178
如何製作刺蝟 ———— 181
如何製造彩虹 ———— 213
如何預測壞天氣 ———— 234
如何逃獄 ———— 237
如何判斷月亮周期 ———— 246

致謝 ———— 256
注釋 ———— 258
圖片版權說明 ———— 280

如何在舞會中令女士印象深刻

西元1538年

老兄啊，你在跳舞時，千萬不要打嗝，要是不小心打嗝的話，你可就變成豬頭啦。還有，跳舞時也千萬別放屁，要想辦法咬緊牙關、夾緊臀部、忍住讓屁釋放的衝動……。可別流鼻涕、也別流口水，沒有女人會喜歡有狂犬病的男人。在女士面前也千萬不要隨地吐痰，這麼做會讓人感到噁心、甚至想吐。萬一你吐了痰、擤了鼻涕、打了噴嚏，也請記得把頭轉開；可千萬別用手擦鼻子，請用乾淨的手帕擦拭，這才是正確之道。不要吃韭菜或洋蔥，以避免口腔內留下難聞的氣味。

安東尼奧・艾瑞納（Antonius Arena）
《跳舞準則》（Leges dansandi）

 *

女人心海底針啊，但是，咱們不妨這麼說吧：
狂犬病和放屁這種事兒，肯定不會讓你在舞池上吃香的！

---

* 編按： 下方之文字，均為本書作者評論。

如何選擇啤酒

西元1256年

啤酒種類繁多,有燕麥、小麥或大麥所釀成的;但是,只有燕麥和小麥釀成的啤酒比較好,因為喝了不會脹氣。然而,不管是燕麥、大麥或小麥所釀成的,都很傷神也傷胃、都會造成口臭、傷害牙齒、腦子裡也充斥有礙健康的酒氣。想當然而,任何喝了啤酒混葡萄酒的人,很快就會醉了;但它確實有促進排尿的功效,也使身體柔軟潔白。由裸麥或添加薄荷和野芹菜的裸麥麵包所釀成的啤酒,才是首選。

阿爾杜布蘭迪諾(Aldobrandino of Siena)
《身體飲食》(*Le régime du corps*)

來自葡萄酒產區的建議:
如果你很愛柔軟潔白的身體和排尿的話,那麼啤酒最適合你了。

Ask the Past 27

如何將臭蟲趕盡殺絕

西元1777年

在床架縫隙之間灑上火藥粉末；用火柴點燃，讓煙一直燻著；持續大約一個小時以上，並保持房間關閉數小時。

《全能害蟲終結者》（*The Complete Vermin-Killer*）

啥，你想要將臭蟲趕盡殺絕，
卻不想炸毀你的床、讓周遭化為一堆濃煙殘骸？
看來，你從不曾受臭蟲所苦。

如何對待大一新鮮人

西元1495年

校規規定任何人不得騷擾、或**過度地**傷害大一新鮮人（Beani）。本校每一位成員一律禁止侮辱冒犯、折磨、騷擾、灑水、潑尿、或以塵土穢物汙染大一新鮮人；嚴禁對他們吹口哨嘲笑、用可怕的聲音叫囂、亦不得以任何方式對他們構成實質、嚴重的干擾，無論在市集、街道、學院、校舍、住家、或任何地方，尤其是在本學院中，當他們進校園申請入學，或得到入學許可離開學校之際。

萊比錫大學規章（*Leipzig University Statute*）

這麼說來，**適度地**傷害大一新鮮人還是可以嘍。

Ask the Past

如何搭訕女人

約西元1180年

男士向女士打了招呼之後,應該要稍待片刻讓女士先發言,看她有無意願回應。假如你不是很健談的人,若是女方先行開啟聊天話題,你就可以安心了,因為她的回應會讓你有足夠的話題進行交談……然而,如果女方拖了很久還沒有回應的話,你必須在一陣停頓之後,巧妙地開啟話題。可以先講一些你隨意觀察到的有趣現象,或讚美她的家鄉、家人、或是她本人。

安德烈神父(Andreas Capellanus)
《論愛情》(*De amore*)

男:妳好。
女:你好。
男:…
女:…
男:妳來自法國阿奎丹,是吧?很棒的城市。
女:…
男:我喜歡妳的裝扮。
女:…

如何放屁
西元1530年

　　有些人教導男孩應該要夾緊臀部，以避免腹中氣體排出。然而，若是為了顧及禮貌，而憋出病來，可就不妙了。要是有機會離開現場，且讓它默默釋放，否則的話，就遵循古代諺語：用咳嗽隱藏屁聲吧。

德西德里烏斯・伊拉斯默斯（Desiderius Erasmus）
《男孩的禮貌教育》（*De civilitate morum puerilium*）

伊拉斯默斯是人文主義的泰斗，
著作具開創性的學術研究和深刻的社會批判。
對了，他也是史上高明的藏屁大師。

如何判定一個人是生是死

約西元1380年

此外,如果不確定一個人究竟是生是死時,不妨將微烤過的洋蔥湊近他的鼻子,要是他還活著,肯定馬上搔鼻子的。

約翰納斯・默菲爾德(Johannes de Mirfield)
《巴塞洛繆夏日醫書》(*Breviarium Bartholomei*)

甭費事兒檢查脈搏了,洋蔥反應是唯一可信賴的生命跡象。

如何攻擊敵船

西元1441年

  戰事發生時,最好的方法就是,將裝滿肥皂水的瓶子一一投擲到船上或敵人身上。瓶子破掉時,肥皂水就會灑滿全船,戰士們也會紛紛滑倒在地上⋯⋯比肥皂水更妙的是滿瓶的豬油。如果你想要燒掉敵人的船隻,不妨丟一瓶豬油吧。這麼做會產生兩個作用:在船上的人將無法站穩腳步;其次,如果你丟一小袋或一小管的炸藥,就可以把船給燒毀了。

馬里亞諾・塔可拉(Mariano Taccola)
《論機械》(De ingeneis)

這種方法肯定會讓你的下一場海戰在YouTube上爆紅。

34 餐桌上的中世紀冷笑話

如何談論你的孩子
西元1558年

　　那些老愛談論自己的孩子、妻子或保姆的人，都犯了同樣的毛病。「昨天我的孩子快把我笑死了。你聽聽⋯再也沒見過比我家哞哞更可愛的兒子了⋯⋯」沒人有閒工夫回答你、更不想聽這種廢話，這種行為很討人厭。

　　喬望尼・德拉卡薩（Giovanni della Casa）
　　《禮儀》（*Il Galateo overo de' costume*）

　　過去的經驗讓我們學會許多歷久不衰且重要的教訓。
　　其中最重要的一個：沒人想聽你「哞哞叫」。

36　餐桌上的中世紀冷笑話

如何在有限的預算下
保持體面

約西元1280年

　　你的穿著應該是合宜、美好、剪裁合身的。如果你沒有昂貴的布料製作衣服,只要完美地剪裁,就算布料不怎麼好,看起來也會很不錯、很體面。如果你沒有漂亮的衣服也就罷了,至少要讓你的鞋子、皮帶、錢包和飾品等盡可能精美……千萬不要衣著不整潔,破爛的穿著顯然一點也不討人喜歡:穿著不整潔的衣服會讓人看起來沒有教養,而穿著破爛更是一點好處都沒有。要讓美好的服飾穿起來好看並不難,但要是知道如何將不怎麼樣的衣物化腐朽為神奇,整個人看起來會很賞心悅目、又氣派。

阿曼尼歐・德薩斯卡斯(Amanieu de Sescás)
《侍從教導指南》(*Enssenhamen de l'escudier*)

氣派體面的外貌:關鍵就在配飾。

參見:如何打扮給人留下印象,西元1632年,頁159。

Mr. *Peaceable*.　　　　　Mr. *Contentious*.

如何擺脫好辯之人
西元1727年

如果你有一個朋友，老是惹你生氣，而你想要擺脫他的話，用你的左手勒住他的衣領後方，再將你的右手放在他的兩腿之間，深及其胯部蓋片(Codpiss)＊，輕鬆地將他舉起，撞出房門外。這麼做他絕不可能轉身反擊你，但是，如果你把他舉太高的話，你會把他摔得鼻青臉腫的。

湯瑪士 · 帕金斯（Thomas Parkyns）
《辯論修辭技巧訓練》
（*Progymnasmata: The inn-play: or, Cornish-hugg wrestler*）

受夠了好辯先生嗎？
只要抓住他的胯部蓋片（codpiece）把他扔出去就行了。
難怪他們叫你「和平先生」（Mr. Peaceable）啊＊。

＊ 十五、十六世紀男子所著緊身褲胯部之下體蓋片。

＊ codpiece，音近 call-peace。

如何解酒

西元1612年

　　人不該喝醉酒。只要喝斷食用的薯草汁,喝什麼酒都不會醉了,就算醉了,它也會幫助你解酒。要不然吃些豬骨髓,你就不會喝醉了。如果你喝醉了,在私處抹上醋,就會漸漸清醒了。

《輕鬆小品集》(*The Booke of Pretty Conceits*)

☞

當你需要快速解酒時,只有一個辦法:將個人私處浸泡在醋中。這比灌了兩加侖的黑咖啡更有效,流傳下去吧!

如何在水中修剪腳指甲
西元1789年

想要在水中修剪腳指甲⋯⋯⋯⋯你必須右手拿著指甲刀（若你是右撇子的話），舉起你的左腿，把腳放在右膝上，用左手扶著，這樣就可以安全無虞地修剪你的指甲了。你也可以挑選腳趾頭；就算這麼做沒有什麼其它用途或好處，這種靈活的手法還是值得大力推薦的。

梅奇澤迪克・特文諾（Melchisédech Thévenot）
《游泳的藝術》（The Art of Swimming）

不想浪費寶貴的運動時間在修飾打扮上，
或是不想將修飾打扮的時間浪費在運動上？
不妨試試這個把戲！

如何在水面上行走

西元1581年

如何在水面上行走?將兩個小鼓綁在你的腳底下,並在拐杖底端綁上另一個小鼓,如此一來,你應該就可以安全行走於水面上,讓大家共賞奇觀。如果成功,你應該經常以此法鍛鍊體格的氣魄和敏捷。

湯瑪斯・希爾（Thomas Hill）
《自然工藝合體論》（*Naturall and Artificiall Conclusions*）

☞

好消息:在水面上行走只需要一對鈴鼓和快速的步伐。
我要去健身房游泳池水道練習展現這個奇觀了。

如何捉蒼蠅

西元1393年

如果你的房間或居住的樓層有大批蒼蠅出沒,拿一些蕨類樹枝條,用線把它們綁在一起,像流蘇一樣,掛起來,到了傍晚所有的蒼蠅就會停留在上面,再將這串東西拿下來向外扔出去…………。要不然,將一隻亞麻長襪綁在鑿了洞的鍋底,並將鍋子放置於蒼蠅聚集的地方,鍋子內部塗抹蜂蜜、蘋果、或梨子。當鍋子沾滿蒼蠅時,拿一個大盤子把鍋子蓋上,然後用力搖動。

《持家指南》(*Le Ménagier de Paris*)

受不了難看的捕蠅紙了嗎?
試試蕨類流蘇和長襪濾鍋這兩種更具裝飾性的防蟲方法。

參見:如何殺跳蚤,西元1688年,頁91。

如何治療流鼻血
西元1673年

　　將一塊棉布用醋或冷水沾濕，敷在私處，吹入少量蟾蜍粉到患者的鼻子裡，或和少許麵糊拌在一起，用手指敷在上顎。如果還是沒有效，給病人四喱*蟾蜍粉，混合兩、三匙的芭蕉水、或是豬糞便的蒸餾水，這種方法經證明是很有效的，還沒有其它的醫學方法可以與之匹敵。

　　　威廉・瑟門（William Sermon）
《疾病神奇療法》（*A Friend to the Sick*）

十七世紀邀你玩個有趣的小遊戲，就叫做：
「流鼻血補救措施，或是恐怖的啟蒙儀式？」

---

* 喱 (grains)，重量單位，約 0.065 克。

如何照顧你的貓
西元1260年

這種動物喜歡被人輕輕地撫摸、也很愛玩耍，尤其是小貓。如果牠在鏡中看到自己的形象，會與之互動玩耍；要是牠偶然間從井水看到自己的倒影，也會想玩，然後掉入井裡，淹沒其中，全身會弄濕而不舒服，甚至死亡，除非迅速將牠弄乾。貓特別喜歡溫暖的地方，因為它不能忍受夜間露水滴進耳朵裡，如果將牠的耳朵蓋住，會比較容易飼養在家裡。

艾伯特・麥格努斯（Albertus Magnus）
《論動物》（*De animalibus*）

☞

聖艾伯特* 解釋貓的照護。
貓喜歡：撫摸、鏡子、溫暖舒適。
貓不喜歡：水、井水、耳朵進水。

參見：如何養貓，約西元1470年，頁251。

＊ 中世紀歐洲重要哲學家和神學家，羅馬教廷於1931年將其封為聖人與教會聖師。

如何打包行李
西元1480年

〔旅行者〕應隨身攜帶兩件行李：一件裝滿耐心，另一件則裝有200威尼斯金幣，要不至少要有150⋯⋯⋯⋯。此外，還需準備很棒的倫巴第*奶酪、香腸、舌肉和各式各樣的醃製肉類、牛奶餅乾、一些甜蛋糕，和各種甜點，但也不要準備太多，因為這些食物容易腐壞。最重要的是，應該要帶足夠的水果糖漿，這是讓人在極熱的環境下存活的祕方；還有薑糖水，在嘔吐過度、反胃的情況下，將有助於緩解腸胃不適。

聖托・伯拉斯加（Santo Brasca）
《朝聖之旅》（*Viaggio in Terrasanta*）

機場安檢可能會沒收你的水果糖漿，海關也可能會沒收你的醃肉，但沒人能奪走你裝滿耐心的隨身行李。

參見：如何選擇船上的座位，西元1458元，頁71。

---

* 倫巴第 (Lombard)，位於義大利北部，盛產奶酪。

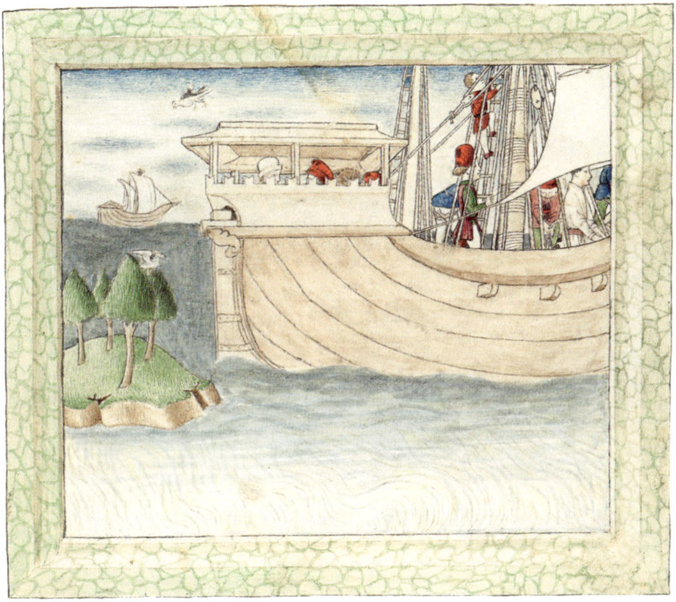

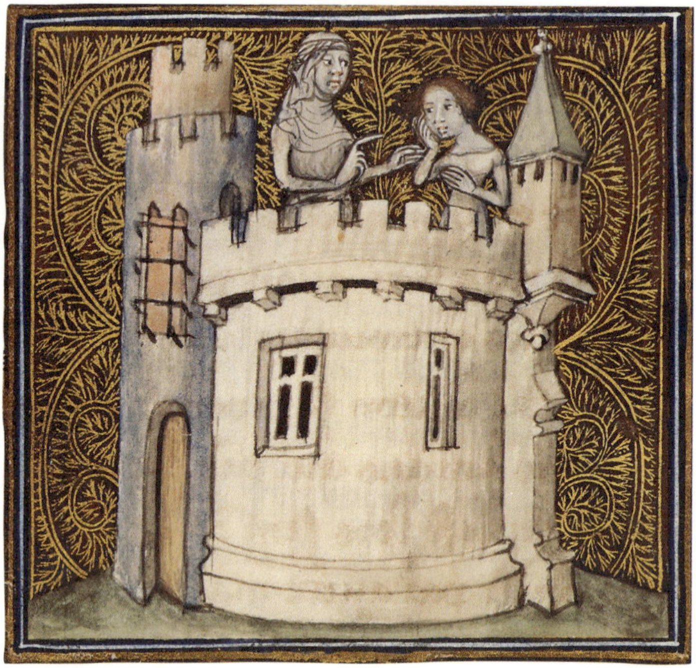

如何搭建麵糰城堡

約西元1390年

將揉好的麵糰桿平,寬一呎、長度更長一些。用桿麵棍做出四個相當於手臂粗細、高六吋的柱狀麵糰。再做一個更粗的置於中間。將桿好的大張麵皮開口向上固定,其它四個柱狀麵糰固定在各個角落。精心雕刻出如碉堡城垛般的鋸齒狀,用烤箱或在陽光下使麵糰乾燥固定之。在中間的柱狀麵糰填入以上等香料和加鹽的生雞蛋調製而成的豬肉餡料,再用番紅花著色。其他四個柱狀麵團,第一個用杏仁膏填充,塗成白色。第二個呢,牛油加蛋,用小葉紫檀染成紅色。第三個,填入無花果、葡萄乾、蘋果、梨子,塗成褐色。第四個,以白色油炸麵糰作為餡料填充,塗成綠色。將之置入烤箱,適度烘烤,搭配開胃烈酒一起食用。

《烹飪表現形式》(*The Forme of Cury*)

也就只有城垛上填滿豬肉和布丁餡料的,
才稱得上是真正完美堅固的城堡了。

如何避免懷孕

十二世紀

　　如果女人不想懷孕的話，就在她赤裸的上身掛著從未生育過的山羊子宮……。另一種方法就是，捉一隻公的黃鼠狼，將之去勢之後放生。讓女人將山羊睪丸戴在自己胸前、然後把它綁在鵝皮或其它動物外皮上，如此一來，她就不會懷孕了。

《女性醫學文選》（*The Trotula*）

噢，這種裸體掛山羊子宮，和將黃鼠狼睪丸捧在胸前的老套。這些招數除了能夠防止懷孕，也會讓男人性趣缺缺吧。

參見：如何懷孕，西元1671年，頁219。

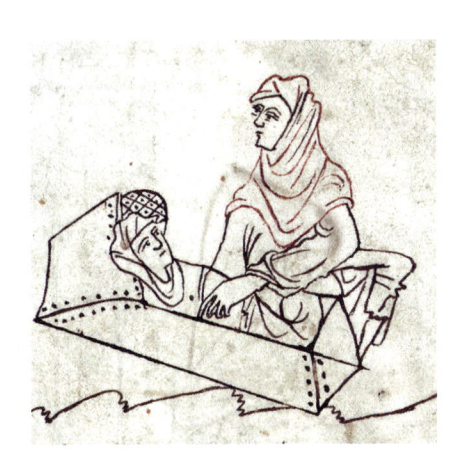

如何安撫小孩
約西元1000年

如果小孩非常不開心時，拿馬兜鈴屬植物*，用它來替孩子煙燻消毒吧，你會讓孩子快樂一點。

《古英語植物標本館》（*Old English Herbarium*）

👉

生氣的小孩子很像一個發怒的蜜蜂蜂巢。
要用煙燻，同時小心翼翼地應付。

---

* 主要分布於熱帶和溫帶地區，是中藥常使用的藥材。

如何清潔牙齒
西元1561年

取一夸脫的水,加入一盎斯的糖,煮沸揮發掉三分之一,用一塊布過濾它,冷卻後盡可能多喝一點。建議在早上和中午用溫水清洗你的口腔,並按摩你的牙齒;也可以用溫水清洗額頭和太陽穴,此舉具有清潔和保持頭部清爽的功效。

希爾尼瑪斯・本茨威格（Hieronymus Brunschwig）
《家庭醫藥大全》
(*A Most Excellent and Perfecte Homish Apothecarye*)

👉

下次你漱口水用完時,不妨試試簡易的糖漿

參見:如何美白牙齒,西元1686年,頁163。

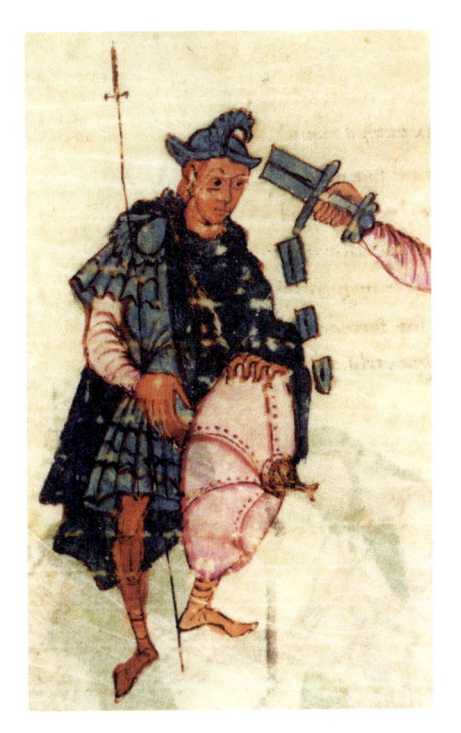

如何消除頭痛

九世紀

頭痛時你要使用魔咒:抓一些泥土,觸摸胸前三次,並說道:我的頭好痛,怎麼會痛呢?我的頭不痛。

偽普林尼(Pseudo-Pliny)

永遠比止痛藥還有效的老招:拒絕面對現實。

如何使人放屁

西元1660年

　　會讓人放屁的油燈。這種油燈的作用棒透了，任何一位提著油燈的人，都會不停地放屁，直到油燈離手方休。用亞麻布吸取蝸牛的血，做成一只蠟燭，點燃後交給任何人都行，隨你高興，再對這個人說道：「照亮你吧」，從此這個人的屁就會放個不停，直到他放手為止，豈不精彩極了。

約翰・雅各・威格（Johann Jacob Wecker）
《藝術和大自然的祕密》
（*Eighteen Books of the Secrets of Art & Nature*）

　　想像一下，把一般的蠟燭都換成這種，你的生活將會多美妙啊。停電、生日派對、浪漫的燭光晚餐時，**肯定十分精彩！**

如何將頭髮染成綠色
西元1563年

想要將頭髮染成綠色,不妨取新鮮的刺山柑 (Capers) 蒸餾萃取之,再用這些水在陽光下洗頭,頭髮就會變成綠色的。

阿列修・皮蒙特西(Alessio Piemontese)
《皮蒙特亞歷克斯大師的祕方——第二部》
(*The Second Part of the Secretes of Maister Alexis of Piemont*)

👉

正值叛逆期嗎?還是想要自製速成的樹裝造型呢?
刺山柑洗髮精來幫你嘍!

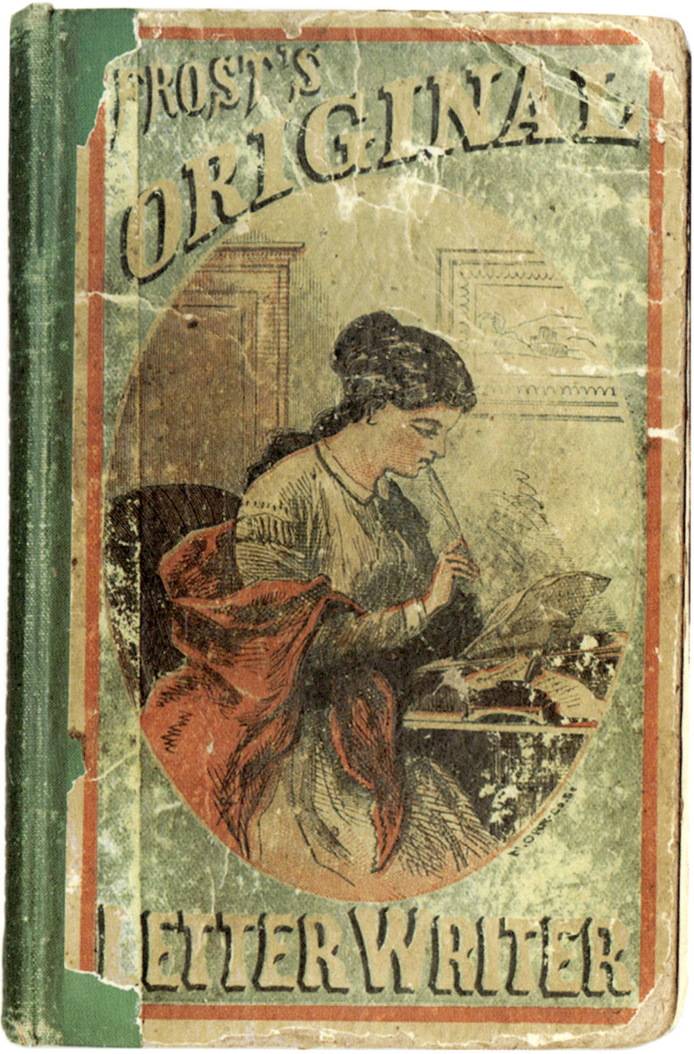
FROST'S
ORIGINAL
LETTER WRITER

如何寫慰問信
西元1867年

致意外遭截肢的朋友：

　　我親愛的朋友啊，
　　聽到你的意外事故，我內心深處的震驚和痛心無法用言語表達⋯⋯⋯⋯慶幸的是，你的右手臂沒有受傷，因為右手肯定是你最仰賴、和最有用之處⋯⋯⋯⋯如果有任何需要我為你效勞的地方，請記住，身為你的朋友，能夠幫助你永遠是我最真誠的願望。

愛德華・波茨　謹上

　　莎拉・安妮・佛斯特（Sarah Annie Frost）
　《佛斯特的書信創作》（*Frost's Original Letter-Writer*）

需要寫封真心誠意的慰問信，卻又忙到感受不到真正的憐憫之心嗎？
這套特殊的制式信函全集很方便，全包了。
但是，可別忘了修改文中提及肢體的部份啊。

58　餐桌上的中世紀冷笑話

如何生孩子

約西元1450年

　　我建議妳大聲尖叫，好讓大家都知道妳正在承受極大的痛苦，妳丈夫和家裡其他成員就會很同情妳，會奉上閹雞、蜜餞杏仁和美酒伺候妳，以消滅妳的痛苦之火。

米開羅・薩瓦納羅拉（Michele Savonarola）
《孕婦飲食調理》（*Ad mulieres ferrarienses*）

☞

別擔心生產這事了。
但是，切記手段要高明一點兒，
這樣才有機會享用美酒啊。

參見：如何照顧新生兒，西元1254年，頁220。

Ask the Past

如何養馬

西元1620年

在公馬和母馬交配前約八到十天，兩方都具有強大的慾望和勇氣之際，每天餵牠們吃均等混合的甜燕麥和甜小麥乾糧，……同時，為了讓牠們達到更完美的交配，在那八到十天之間，在牠們所喝的水當中（如果牠們被預估是有價值的馬），每一加侖加入一品脫的白葡萄酒…………。有時候，也可以改給牠們喝半加侖濃的陳年啤酒或麥酒，配上一條小麥麵包，並且保持馬棚的乾淨和舒適。

尼可拉斯・摩根（Nicolas Morgan）
《騎士榮耀》（*The Horse-Mans Honour*）

☞

這樣的餵養方案會讓每個人都有交配的衝動：
美味的晚餐，舒適的宿舍，還有酒可以喝。
哦，再加上一大片美味的烤麵包。

如何保養你的魯特琴
西元1676年

　　你要是知道該如何在最壞的（潮濕的）天氣時，收藏你的魯特琴（Lute），就沒問題了，白天的時候，把它平放在平時睡覺的床舖上，置於毛毯和毛毯之間；但千萬不要放在床單中間，因為床單可能因汗水而變得潮濕……。因此，一張床就能省去所有不便之處，並保持你的黏著劑如玻璃般堅固，一切安全可靠；只有一件事要特別注意，當魯特琴在床上時，別讓人隨意地在床上翻滾，我聽說過幾把不錯的魯特琴因這種把戲而遭毀壞的事兒。

　　　　湯瑪士・梅斯（Thomas Mace）
　　　　《音樂的豐碑》（*Musick's Monument*）

👉

　　　　把你的魯特琴想成是一隻小狗：
　　　　一昧地只想鑽進你的床裡。拜託嘛！

Ask the Past　61

如何幫你的小孩穿衣服

約西元1200年

只要給小孩子穿便宜的衣服就好。他們會玩沙、弄髒衣服、留下污漬,又會流口水,還會用沾了泥巴的袖口擦鼻涕。

貝克爾斯的丹尼爾(Daniel of Beccles)
《文明人之書》(*Urbanus magnus*)

☞

中世紀實用的育兒建議:
讓孩子穿老舊的麻布袋就好了,直到他們不再流口水流鼻涕為止。

參見:如何餵小孩吃飯,西元1692年,頁195。

如何防止背痛

約西元1470年

只要你避免用地上生長的草、或任何一種樹葉擦屁股,你就絕對不會有背痛的困擾。

《女性的福音》(Les Evangiles des Quenouilles)

☞

你可能認為用樹葉是甭買衛生紙的省錢妙招,
但還是聽從十五世紀的諫言吧:不值得啊!

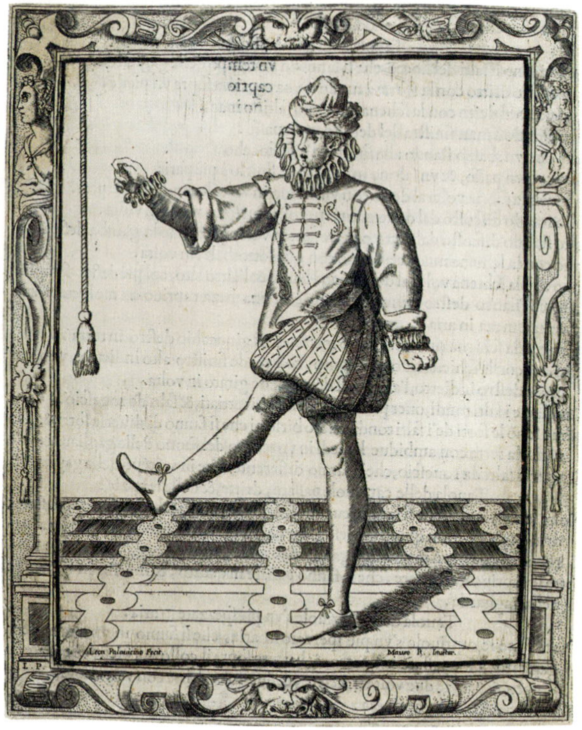
Leon Palauicino Fecit
Mauro R. Inuētor
L. P.

如何打理跳舞的裝扮
西元1538年

你必須總是裝扮得很完美,而且你的胯部蓋片務必要綁緊。我們偶爾會看到有人在巴斯探戈舞(bassse dance)＊行進之際,胯部蓋片掉到地上了,所以你可千萬要把它綁好才行。

安東尼奧・艾瑞納(Antonius Arena)
《跳舞準則》(*Leges dansandi*)

☞

哦,那焦慮的夢:
你正在與豐滿勻稱的少女享受巴斯探戈舞之際,
卻猛然發現地板上的胯部蓋片是你掉的!
老天啊,把它綁緊,千萬別讓這事兒發生在你身上!

＊ 十四、十五世紀風靡歐洲宮廷的舞蹈。

如何增肥
西元1665年

　　如何讓身體太瘦的部位豐腴肥厚起來？夏天的時候，用紫羅蘭、百合等鮮花讓你的房間保持涼爽和潮濕…………。吃東西的時候，不要吃太鹹、太辛辣、太苦或太燙的食物，要吃新鮮、有營養的食物，像是新鮮的雞蛋、羊肉、牛肉、閹雞。進食後三小時，做一些休閒娛樂，像是跳舞、唱歌、聊天等。每個月泡澡兩次…………。取十二、十三隻蜥蜴或蠑螈，截頭去尾，將之煮沸，讓水冷卻，取出油脂部份，與小麥花混合，以此餵食母雞，直到牠長胖之後再宰殺來吃。長期使用這一招會讓你極其肥胖，這是珍貴的祕方，好好保存。

　　　　湯瑪士‧傑姆森（Thomas Jeamson）
　　　　《保持美麗的祕方》（*Artificiall Embellishments*）

　　　　羊肉、跳舞、和每月兩次的泡澡都很不錯，
　　　　但不要告訴任何人讓你超級肥胖的蠑螈祕方。

如何減重

西元1665年

女士們,請特別注意,保持妳身材比例勻稱,萬一變胖到了一個誇張程度的話,遵循以下的方針,讓身材縮減至原來的範圍,妳或許就能重獲美麗與讚賞了。早起並激烈運動到出汗;多禁食,用餐時飽足感達一半即可離席;讓第一道菜是油膩、多脂的食物,妳的胃口可能很快就感到滿足,身體脂肪也易溶解;第二道菜則是辛辣、重鹹、苦澀的食物;食用所有肉類時搭配醋、胡椒、芥末、柳橙汁和檸檬;晚上睡在被子之上。

湯瑪士・傑姆森（Thomas Jeamson）
《保持美麗的祕方》（*Artificiall Embellishments*）

我的媽呀,你已經超出一般的身材比例了。
該準備一些油膩的開胃菜,拿出減重被單了!

參見:如何在十四天內瘦身成功,西元1579年,頁141。

Ask the Past

ELIZABETH RAFFALD.

如何製作粉紅色的鬆餅

西元1786年

要想製作粉紅色的鬆餅，將一大顆甜菜根煮到軟，並在大理石研缽中將之搗碎，再加入四個蛋黃、兩勺麵粉、三勺新鮮的奶油，依個人口味調整甜度，加入半個磨碎的肉豆蔻香料，再加入一杯白蘭地；全部混在一起攪拌半小時，用奶油油炸，再用綠色的糖果、醃漬杏仁、或桃金孃的綠枝裝飾之。

伊莉莎白・雷佛德（Elizabeth Raffald）
《經驗豐富的英國女管家》
（The Experienced English Housekeeper）

如果妳的鬆餅不是粉紅色的，妳就稱不上是淑女嘍！

如何騎馬

約西元1260年

如果你去騎馬,要小心錯誤的步伐;如果你騎馬進城,我提醒你保持有禮貌的騎馬風範。要騎得優雅,頭部微微下垂,而不是動作粗野狂暴;不要專注盯著每間房子的高度;切記,行進之間不要像從鄉下來的人;不要像鰻魚一樣滑溜,而是要穩步走在路上、走在人群之中。

布魯內托・拉丁尼(Brunetto Latini)
《寶藏》(*Il Tesoretto*)

☞

不是每個人都適合城市駕駛的:
要不就控制好自己不要橫行霸道,否則就滾回你原來的地方。

如何煮咖啡

西元1685年

　　我們現在必須詳細說明咖啡這種飲料的烹煮過程⋯⋯將咖啡豆放入鐵製器具中,用蓋子牢牢地蓋上;透過這個器具,在火中不斷翻轉推進,直到咖啡豆經過完美的烘烤之後,再將之搗碎成很細的粉末,就可以用了⋯⋯把咖啡粉加入一杯煮沸的水中,加入少許的白糖,再讓它煮沸一小段時間之後,就可以倒入瓷器或其它容器中,接下來就慢慢品嚐,趁熱啜飲了。

菲利普・西爾維斯特・迪佛(Philippe Sylvestre Dufour)
《咖啡、茶、巧克力之烹煮技巧》
(The Manner of Making Coffee, Tea, and Chocolate)

　　我敢肯定西雅圖極品咖啡一定很樂意採用。為了清楚起見,帶著這個咖啡機的圖示去吧。

如何選擇船上的座位
西元1458年

首先,如果你上了甲板……幫自己在甲板頂層的地方找個位置;因為在最下層的甲板都是又悶熱、又髒臭的。

《威廉‧韋的旅行指南》(*The Itineraries of William Wey*)

👉

沒有什麼比又熱又臭的巡航更糟的了。

參見:如何治暈船,西元1695年,頁74。

如何喝湯

西元1595年

　　要注意，你的湯雖不是濃湯，仍要用湯匙從容不迫地享用，不要貪婪地把它塞進嘴裡、或發出用力的吸食聲，像一些小丑一樣，每喝一口湯就聽到呼嚕呼嚕聲。同時也要注意，不要讓濃湯、或是醬汁不小心灑到桌布、或是自己的衣服上。

　　　　威廉‧費斯頓（William Fiston）
　　《學童禮儀教育》（*The Schoole of Good Manners*）

☞

　　OK，粗魯人士，這裡有喝濃湯的教戰守則：
　　　　一定要用湯匙；不要發出聲音。

如何訓練會表演的狗
約西元1260年

狗是到目前為止最容易教的動物了。牠們會學習模仿別人的動作。如果有人想要親自確認這一點,可能的話,請他帶一隻雌狐或狐狸生出的狗,或者,讓他從自己的看門狗中找一隻紅色的狗,訓練牠從小就習慣和猴子相處。和猴子在一起,會讓狗習慣做很多人類會做的舉動。如果牠和猴子交配,猴子生出一隻小狗,那隻狗將會是所有競賽之中最受讚賞的。

艾伯特‧麥格努斯(Albertus Magnus)
《論動物》(*De animalibus*)

哦,拜託,還有什麼比一隻會表演的猴子狗更有趣的,你想得出來嗎?依我看,不可能!

參見:如何照顧你的狗,約西元1393年,頁215。

如何治暈船

西元1695年

其他人向我保證，最好的解決辦法就是，無論白天或晚上，總是取一塊泥土放在鼻子下。因此，他們提供足量的泥土，放在粘土罐中新鮮保存；當這塊泥土因為長期使用變乾之後，他們會把它重新放入粘土罐中，再取出一些新鮮的泥土。

馬西米利昂・米森（Maximilien Misson）
《義大利新航程》（*A New Voyage to Italy*）

👉

除了緩解暈船之外，
泥土療法也會產生帥氣小鬍子的假象。雙贏！

如何摺疊出令人驚羨的餐巾紙
西元1629年

用餐巾紙製作出人字形圖案……從人字形圖案，你還可以製作出所有重要的動物……一整個城堡的哨兵和火砲、和一艘設備齊全的船隻……金字塔、大型鳥類，如鴕鳥、孔雀、鸛、疊羅漢、半人半馬的怪物、以及其它巧妙迷人的創作品，比如，整個餐桌上都是餐巾紙摺出來的獵隊。

《餐巾摺疊藝術論》
(*Li tre trattati di messer Mattia Giegher*)

等你完成了那奇妙的餐巾紙城堡後，
你可要有心理準備誓死保衛它，不讓客人拿來擦嘴巴。

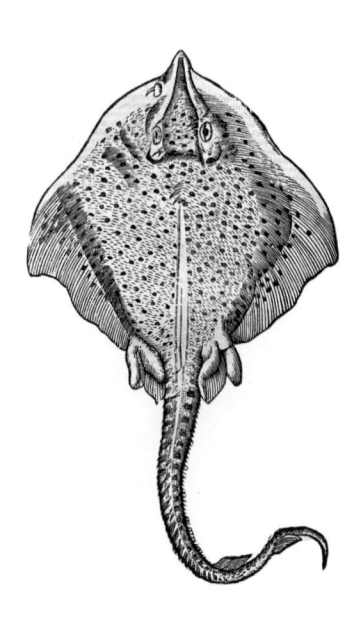

如何捕捉魟魚

西元1658年

當漁民看到藍紋魟或魟魚在水中游時,他會很可笑地跳到船上去,開始在輸送管上玩耍,藍紋魟會受騙而浮到水面上,另一個人再將之捕獲。

吉安巴蒂斯塔・德拉・波爾塔(Giambattista della Porta)
《第二十卷:大自然的奧祕》
(*Natural Magick, in XX Bookes*)

文件歸檔在「戶外活動愛好者堅守的最高機密」

如何培養你的小孩

十二世紀

該要有不同類型的圖片、各種顏色的布料、和珍珠放在孩子面前。應該採用兒歌和簡單的單字;在孩子面前所唱的兒歌,不應該有粗俗或難聽的字眼(如倫巴第族人所唱的)。到了要學習講話時,讓保姆常常在孩子的舌頭上塗抹蜂蜜和奶油,特別是針對語言發展遲緩的孩子,更應該要這麼做。要經常在孩子的面前說話,並採用簡單易懂的文字。

《女性醫學文選》(*The Trotula*)

啊,珍珠會造成窒息的危險。但是,說真的:
真正會危害到你孩子身心健康的是倫巴第族刺耳的歌曲。

參見:如何幫你的小孩穿衣服,約西元1200年,頁62。

78　饗桌上的中世紀冷笑話

如何解夢

約西元1100年

- ▼ 被你深愛的男人擁抱：這很有益。
- ▼ 熱水沸騰冒泡的夢：這不太好。
- ▼ 從馬上摔下來：這會是巨大的災難吧。
- ▼ 不小心坐到糞便，你將會經歷各式各樣的傷害。
- ▼ 裝飾你的頭頂造型是一個好兆頭。
- ▼ 擁抱你的母親是一個非常美好的夢。
- ▼ 朋友啊，夢到嘔吐會導致損失。
- ▼ 夢到吃硬殼的海鮮意味疾病。
- ▼ 夢到最上等的葡萄酒：期待喜悅吧。

《吉曼努斯的解夢術》摘錄

(*Oneirocriticon of Germanus*)

朋友啊，清醒時坐到糞便也一樣不吉利啊！

Ask the Past

如何像紳士般游泳
西元1860年

每一位游泳者都應該穿著短內褲，或許在特定地點要穿帆布拖鞋。更重要的是，要能夠穿著西裝外套和長褲游泳。

唐納‧沃克（Donald Walker）
《沃克的男性運動法》（*Walker's Manly Exercises*）

你要趕去面試，但是橋樑被封了。
你是要錯過面試，還是穿著短內褲抵達現場？
兩者都不必。你還是穿著你的西裝，像個紳士一樣。

參見：如何在水中修剪腳指甲，西元1789年，頁41。

Swimming — Action of the Feet.

如何照護牙齒

西元1595年

　　要保持牙齒清潔，每天早上起床之後，用亞麻布按摩你的牙齒和牙齦，因為這種作法是最健康衛生的。至於美白牙齒的牙粉，就留給漂亮的女士吧。過度使用食鹽或明礬按摩牙齒，會損害牙齦。至於用尿液清洗牙齦的法子，就留給西班牙人吧。如果有任何東西塞在牙縫，不要用刀子將它取出，不要像貓和狗一樣用指甲，也不要用餐巾紙，而是要用精緻木頭、羽毛管、或閹雞腿部小骨製成的牙籤棒。每天早晨用乾淨的水漱口一次，這是公認合宜、又健康衛生的作法；但是一天之內重覆多次，則是愚蠢、不體面的。舌頭的部份，我們會在別處說明之。

　　　　威廉・費斯頓（William Fiston）
《學童禮儀教育》（*The Schoole of Good Manners*）

☞

有道理，你應該好好保健自己的牙齒，但應該不至於用尿液吧。還有，我們也不要太過執著，每天漱口一次以上簡直太誇張了。而刷牙？那是女生的事。

參見：如何清潔牙齒，西元1561年，頁52。

Ask the Past 83

如何像學者一樣與人交際
西元1558年

和別人相處時，一直壓抑沮喪、或分心都是不恰當的。此舉對於那些長期追求學術研究、大家所謂的自由主義者或知識分子而言，或許是可接受的行為。但是對於一般人，無論任何情況下，這都是不被允許的。

喬望尼・德拉卡薩（Giovanni della Casa）
《禮儀》（*Il Galateo overo de' costume*）

👉

他們之所以被稱為「人文教育」（liberal arts）*，
正因為他們讓你解放，免於令人悲歎的應酬交際責任。

---

* libral 又有自由之意。

如何使用鑽石

約西元1350年

應該將鑽石戴在左側；在左側會比在右側更具有功效……。任何人配帶了鑽石（如果是免費贈予的鑽石），都會變得大膽無畏、並維持肢體健康。鑽石讓人擁有恩典，只要理由是正當的，無論是在戰爭和訴訟中，都能夠戰勝敵人。任何人想以巫術或魔法傷害配帶鑽石的人，都將徒勞無功。任何野生的、或是有毒的動物也無法傷害配帶鑽石的人。你要了解，鑽石必須是他人免費贈予的禮物，而不是覬覦或收購得來的，那麼它就具有更強大的力量，能夠使人更勇敢地對抗他的敵人。

約翰・曼德維爾（John Mandeville）
《旅行遊記》（*Travels*）

很難抗拒「絕不要自己掏腰包買鑽石」的策略啊。

參見：如何讓自己隱身，西元1560年，頁161。

如何使龍噴煙火

西元1658年

　　如何使龍這類動物實際運作，噴出火焰？龍的身體必須是由硬紙板或是細枝條做成，中空，腹部的地方要有能放置兩個信號火箭的空間……。首先，在眼睛和嘴部安置火箭，然後將嘴巴的那枚火箭朝龍的尾巴發射，這將使它像是全身著火焚燒，直到不動為止；然後，突然之間（就像一隻意外受傷的動物）龍的腹部又會再出現火光：一切照章行事的話，將會使旁人看得心滿意足。

　　　　約翰・懷特（John White）
　　　　《煙火藝術創作指南》（*A Rich Cabinet*）

這奇觀若按計劃進行，
看似意外受傷的生物會四處亂竄、噴出火焰。
如果出了差錯，煙火技術人員也能演出同樣的把戲。
無論哪種方式，都會讓旁人驚嘆不已。

如何利用龍蝦輔助園藝

西元1777年

想辦法取得龍蝦、螃蟹爪子的空殼。並把它們掛在花園裡各個地方，昆蟲爬進爪子空殼後，就會很容易捕捉的；但是常常得想辦法找到蝦蟹爪子。

《全能害蟲終結者》（*The Complete Vermin-Killer*）

☞

這種技術的問題是，你必須吃很多龍蝦。
有機園藝可是很辛苦的事呢。

Ask the Past 87

如何烹煮豪豬

西元1570年

在八月時取得豪豬,由於餵養的關係,那個時節正是豪豬最肥美的時候,雖然它的肉質在十月至一月之間比較沒有難聞的腥味。宰殺豪豬之後,將其屍體懸掛起來,冬季四天,夏季則需一天半的時間。剝了皮之後,將其身體交叉切割……塞入一些大蒜、丁香和迷迭香,用以去腥。然後將其串在鐵叉上烘烤,保存滴落的烤肉汁。大功告成之後,趁熱上桌,搭配一些果汁糖漿、玫瑰醋、胡椒、肉桂、丁香和肉汁等調味料。

巴托洛梅奧・史加皮(Bartolomeo Scappi)
《中世紀烹飪大師廚藝大全》(*Opera*)

然後就是丟下整個臭烘烘的爛攤子,叫外賣嘍。

如何鍛練身體

西元1623年

當皮膚濕透沾滿汗水時,最好就要停止運動,若是持續進行的話,不但會精疲力盡,脂肪也會溶化,要不然也會發出臭味;因此,就算沒有造成猝死(通常很可能發生),身體也會變得體弱多病、憔悴、畏寒……。最適宜、又最有益、可靠又健康的運動,就是散步、保齡球、網球等這一類輕鬆的活動了。

托巴雅斯 ‧ 維納(Tobias Venner)
《健康長壽祕方》(*Via recta ad vitam longam*)

老天啊,千萬不要再使用有氧運動器材了。
發出臭味的脂肪聽起來可不是在開玩笑的!

如何洗髮

十二世紀

　　離開浴池之後,讓她妝點她的秀髮。首先,讓她用這款特製的洗髮精。取藤蔓燒成的灰燼、大麥莖穀殼、歐亞甘草木(會使秀髮更具明亮光澤),和仙客來花……。讓女人用這款洗髮精清洗秀髮。洗滌之後,讓頭髮自然風乾,她的頭髮將如黃金般、閃閃發亮……如果女人想要擁有一頭又長又黑的秀髮,取一雙綠色蜥蜴,截頭去尾之後,用一般的油燒煮。抹上這種油之後,就會讓頭髮變得又長又黑。

《女性醫學文選》(The Trotula)

泡沫。沖洗。絕不重複。

參見:如何準備沐浴,約西元1450年,頁146。

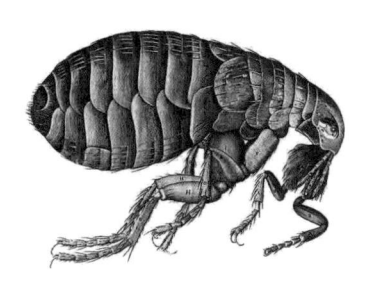

如何殺跳蚤
西元1688年

取一個寬而淺的陶製大圓盤,裝入半滿的山羊血,然後放置在床底下,所有的跳蚤就會一窩蜂地跑進去。或者是,取出熊或獾的血,以同樣的方式放在床底下,跳蚤也會聚集在那裡,並立即死亡。

R. W.
《家庭必備之書》(*A Necessary Family Book*)

千萬記住,如果你正在策劃一個激情之夜,
你可能得要事先將消滅跳蚤的神奇設備移開喔!
床下一大盤熊血可是會讓一些人慾火全消的。

參見:如何將臭蟲趕盡殺絕,西元1777年,頁28。

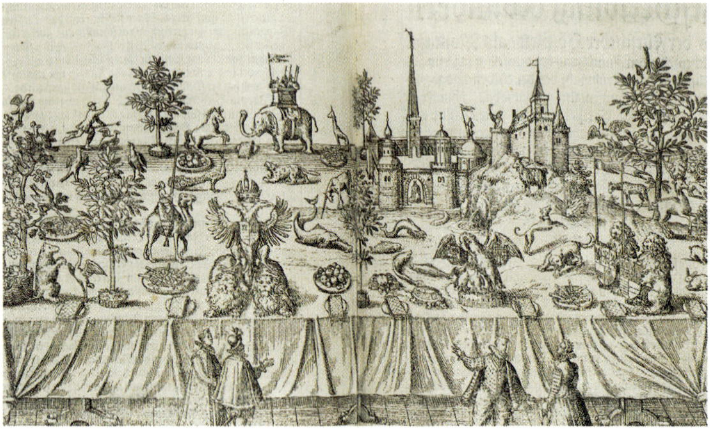

如何裝飾餐桌
西元1474年

　　我們必須依據四季來擺設餐桌：冬季要在室內、溫暖的地方；夏季則在涼爽、開放的空間。春季時，在餐廳和餐桌上都要佈置鮮花。在冬季，空氣中應散發芳香的氣味；在夏季，地面上應點綴著芬芳的樹枝、藤蔓、和柳樹，使用餐之處耳目一新；在秋天，天棚上則懸掛著成熟的葡萄、梨和蘋果。餐巾紙應該是白色的，而桌布也要純淨無瑕，否則的話，會讓人感到不舒服、了無食慾。

巴托羅梅歐・帕提那（Bartolomeo Platina）
《健康愉悅的美食理論》（*De honesta voluptate et valetudine*）

> 晚宴籌備清單：邀請客人、準備餐點、
> 砍樹枝、點綴在飯廳四周圍。

Ask the Past

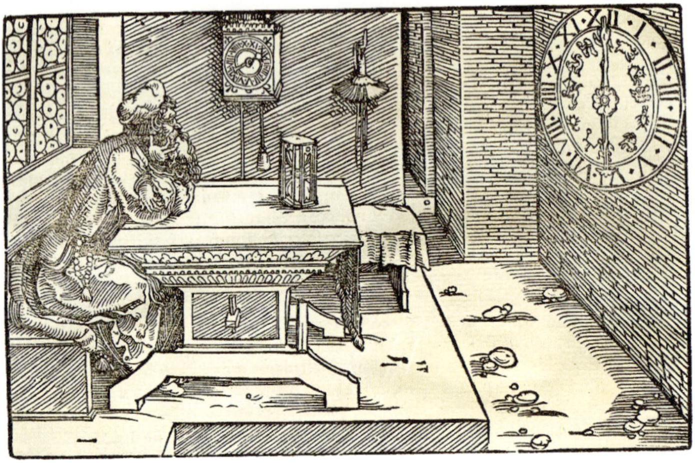

如何預測時間

西元1658年

想要知道白天或夜晚任何時刻，還有一個很棒的準則。如果有兩人（或多人）聚在一起時，讓其中一人從地面上取一樣東西（隨便什麼都行），並把它交給身旁的另一個人。注意，如果那一樣東西已經成長、並可能繼續生長，像是種子、草本植物之類的東西，那麼此刻的時間便是一點、四點、七點、或十點鐘左右。如果所拿的東西是永遠都不會長大，也不可能生長，如石頭、金屬、鍋、陶片、玻璃之類的，那麼此刻的時間便是二點、五點、八點、或十一點鐘左右。但是，如果取得之物是已經成長，但永遠不會再繼續生長的，像是枯枝、貝殼等諸如此類的東西，此刻的時間便是三點、六點、九點、或十二點鐘左右。但是，千萬要記住，不管是判斷時間的這個人、或是從地面上拿東西的這個人，在試驗這個奇想之前，都不得事先知道當下的時間。

約翰・懷特（John White）
《煙火藝術創作指南》（*A Rich Cabinet*）

這種技術的精確度保證在一、兩個小時之內，
前提是你在實驗之前或之後都沒有先偷看時間哦。

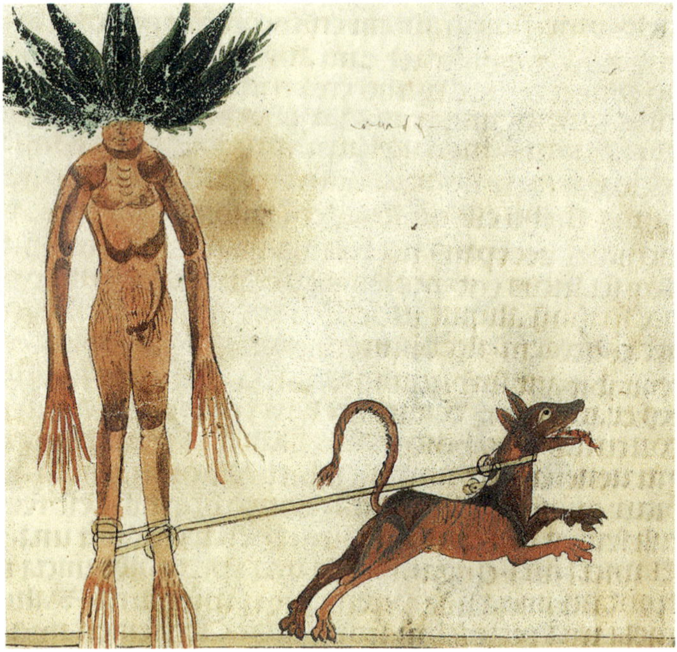

如何收割風茄[*]

十二世紀

它在夜晚時就像一盞燈一樣,閃閃發光。你一看到它,就要迅速用鐵具標記起來,以免它逃脫。由於它本身具有十分強大的力量,如果它看到不乾淨的男人靠近時,就會立刻跑掉。因此,一看到它就要用鐵具標記,然後把它挖掘出來,要注意不要讓鐵具觸碰到它,而是要小心翼翼地用象牙棒將泥土撥開。當你看到這株植物的根部分叉時,你應該要立刻用一條新的繩索將它綁住,同時將繩索另一端綁在一條餓狗的脖子上,並在離狗不遠之處放置食物,飢餓的狗為了取得食物,可能會向前衝而將風茄連根拔起。

《植物藥材指南》
(*Apuleii liber de medicaminibus herbarum*)

☞

我不確定種植風茄究竟是否值得。
費這麼多功夫,就只因為你找不到一個乾淨的男人去挖風茄?

---

* 風茄(Mandrake),又名毒參茄,亦音譯作曼德拉草,是一種屬於茄科茄參屬的植物。

Ask the Past 97

如何治失眠
西元1597年

在日出之前,用你的左手摘起萵苣,把它放在病患的床舖下,(在他不知情的情況下)讓他入睡。或是,收集五片、三片、或一片萵苣莖葉,將之放置在他腳下,同時多放一些在枕頭的旁邊,在他不知情的情況下,讓他入睡。

威廉・藍恩(William Langham)
《健康花園》(*The Garden of Health*)

好消息!
不眠症患者,你需要的只是一苗圃的萵苣。

如何訓練貓耍花招

西元1809年

　　或許可以訓練貓咪拉鈴繩、手槍射擊、以及許多類似的招數……不妨將一小塊布附著在連接鈴鐺的細繩之下，好讓貓咪得以抓取。湊近一點誘使貓咪將它抓住，或是用它來激怒貓咪。一旦貓咪將它抓住，讓鈴鐺發出聲響之後，就要獎勵牠……。也可以遵循此法，以同樣的方式訓練貓咪發射手槍，將一塊布連結在板機上，把手槍置放在一個固定的位置。一開始訓練牠猛咬連結板機的布就行了，然後就可以用上火藥帽，最終使用炸藥。

《漢尼的動物訓練技藝》（*Haney's Art of Training Animals*）

但願這種愚蠢的動物招數是發展在YouTube風行的時代！

如何製造晚餐對話
西元1576年

　　在餐桌上我們首先要觀察的,應該是衡量每一位客人的身價和頭銜,接下來就是找恰當的時機……提出有用、又受歡迎的問題……。因此,最重要的是,提出下列的問題:

▼ 人要存活,究竟是比較需要空氣、還是肉類?
▼ 同一種酒讓齋戒者和飽食者喝了,為什麼齋戒的人會覺得酒比較烈呢?
▼ 提到臭酸噎氣的話,或許可以問這味道打哪兒來的?
▼ 從病中復原的人,吃肥肉好嗎?
▼ 一個月酩酊大醉一次,妥當與否?
▼ 喝了沒滲水的葡萄酒為什麼會比滲了水的更容易造成頭痛呢?
▼ 為什麼小孩子天生不愛喝酒,而老年人卻愛喝的要命呢?
▼ 喝酒是否會傷神?
▼ 魚會不會餵養自己的小魚呢?
▼ 魚會不會吃自己的肉呢?
▼ 豆類引發脹氣,為什麼水煮之後還是不能免除這個毛病呢?就像大麥一樣?

湯瑪士・托恩（Thomas Twyne）
《餐桌禮儀指導》摘錄
（The Schoolemaster, or Teacher of Table Philosophie）

飲酒、消化、和胃腸脹氣沒完沒了的問題，
還有什麼晚餐對話比這些更受人歡迎的呢！
喝酒會傷神嗎？天知道啊，但這些問題肯定讓人頭疼。

Ask the Past 101

如何治療禿頭

十三世紀

　　用磨碎的洋蔥不斷地按摩你的禿頭之處,就能夠恢復你頭頂的魅力。

《健康養生準則》
(*Regimen sanitatis Salernitanum*)

👉

別擔心!
就算這個補救措施不會讓你頭髮再生,
洋蔥潤滑過的頭皮肯定很迷人。

如何吸引情人
西元1699年

製作一只魔法戒指,吸引別人愛上你吧。取一只中空的戒指,將山羊的鬍子浸泡在龍葵植物、或是一種人稱延齡草的草藥汁液當中,將它穿過戒指,任何戴上這只戒指的人,都會愛上你。

《亞里士多德的遺產:亦或,揭開他珍貴的祕密之庫》
(Aristotle's Legacy: or, his Golden Cabinet of Secrets Opened)

👉

試想:在一起多年之後,和情人一同回想起
促成你們相戀的這只山羊鬍戒指,多美妙啊。
哦,甜蜜的回憶!

參見:如何增進慾望,十一世紀,頁109。

104　餐桌上的中世紀冷笑話

如何自我防護免受羅勒草侵害

西元1579年

有一位義大利人,由於經常聞一種叫羅勒草的香料,結果腦袋裡長出一隻蠍子*,不僅造成他長時間的痛苦,最終還奪走了他的性命……。因此,愛聞羅勒草的人要小心嘍。

湯瑪士・洛普敦(Thomas Lupton)
《一千件值得注意之事》(*A Thousand Notable Things*)

你們這些愛好羅勒草的人,改掉你們的壞習慣,覺悟吧!
你對青醬的癡迷真的值得讓你甘冒腦袋長蠍子而痛苦致死的風險嗎?

---

* 羅馬神話中,羅勒代表恨意;中古世紀養蠍子的人會種羅勒,據說只要翻開土就會看到蠍子群聚。

如何訓練你的雀鷹
約西元1393年

　　從雀鷹停留在你拳頭上的那一刻，就要小心了，不要讓自己或其他人惹惱了牠。親愛的，你要了解，任何突如其來、或是狂亂的意外發生，無論是人、動物、岩石、凳子、棍子、或其它任何東西，都會打擾到牠、並使牠激動萬分……。每當牠攀附、或緊握你的手不放的時候，千萬不要自亂陣腳或引起牠的不安。反之，要輕輕的脫離牠的掌握，自己不要慌，也不要讓牠激動，不管再怎麼痛苦都要忍住，因為，一旦你惹怒了牠，牠就再也不會愛你了……這一刻是訓練雀鷹的關鍵點，千萬要用拳頭支撐牠，帶牠去宮廷四處與人交際、帶牠上教堂和其它聚會所在、帶牠上街，讓牠日日夜夜、不間斷地攀附在你的拳頭上，時間越久越好。

《持家指南》（*Le Ménagier de Paris*）

馴鷹是個有益的愛好！
只要確保你永遠不會讓鷹離手、或是輕舉妄動，
就算在教堂禮拜當中，鷹爪撕裂你的肉也要忍著，
否則牠可是會恨你一輩子的。

Ask the Past 107

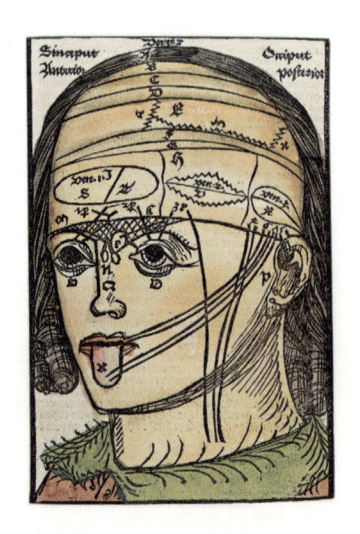

如何使頭腦清楚

西元1623年

　　要預防頭腦阻塞不清醒，必須靠嘴巴吐痰和念咒，靠鼻子用力呼氣，有時透過打噴嚏，尤其是在早晨的時候；還有咳出胸腔內的痰，這些都是多餘的分泌物。

　　托巴雅斯・維納（Tobias Venner）
《健康長壽祕方》（*Via recta ad vitam longam*）

☞

早晨總是匆匆忙忙的，
但別忘了加一點咳嗽和吐痰在日常例行公事中。
你可不想滿腦子大便地來開啟你一天的生活吧！

如何增進慾望

十一世紀

還有一些我們提過的食物——辣椒和章魚、松子、無花果、新鮮的肉、腦，和雞蛋蛋黃。同樣適合服用的還有石龍子（蜥蜴），以及「狼睪丸」——即狗舌草——因為它像石龍子一樣能喚起情慾⋯⋯治陽萎氣虛的藥丸，取等量的白洋蔥籽、狗舌草、麻雀的腦、雄棕櫚的花、白香，用溫水調合，然後捏成如鷹嘴豆大小一般的藥丸。早上服用七粒，配酒——不能服用過多，因為如果服用過量，女人會暈倒在他身下。

康士坦丁納・亞非康納斯（Constantinus Africanus）
《健康性愛寶典》（*Liber de coitu*）

☞

放棄威而鋼吧。如果你真想打動你的伴侶，
向你的健康諮詢專家要一些石龍子的處方吧。

參見：如何安排求愛行程，西元1707年，頁235。

如何自製護唇膏

西元1579年

若有人用耳朵後方的汗水來按摩龜裂粗糙的嘴唇,將會使嘴唇變得細膩、光滑、充滿色澤,此事經過證明。

湯瑪士・洛普敦(Thomas Lupton)
《一千件值得注意之事》(*A Thousand Notable Things*)

沒想到吧,最好用的護唇膏就在你的耳朵後方!可是,千萬別在公眾面前使用啊。

如何避開認識的人
西元1881年

如何避開認識的人。如果想要避免和經人介紹認識的點頭之交鞠躬致意的話，或許可以假裝看旁邊，或是在那個人走近時垂下目光，因為，兩人一旦目光交會，他就別無選擇，必須行禮致意了。

約翰 H.・楊（John H. Young）
《論各式社會禮儀規範》（*Our Deportment*）

聚會上碰過，卻想不起這人是誰嗎？
教你一個穩妥、歷史悠久的避免尷尬手段：
低頭盯著你的鞋吧。

如何訪問海外人士

西元1789年

寫下想要獲得解答的問題,旅行者就不用擔心會忘記……

▼ 軍艦要靠岸是否容易?在沙岸或岩岸著陸時,是否會有危險?
▼ 貴國的綿羊最喜愛的草本植物是哪些?
▼ 貴國的客商免受巴巴里海盜侵襲的安全範圍,最遠到哪裡?
▼ 不同體形的鯨魚,一般說來價值是多少?
▼ 目前還有哪些名媛淑女,她們有什麼值得注意、使人驚奇的才能呢?

利奧波德 · 巴赫托德(Leopold Berchtold)
《旅行者之諮詢文集》
(*An Essay to Direct and Extend the Inquiries of Patriotic Travellers*)

☞

旅行者,人在異鄉要小心你的提問啊。
當地人會以為你在密謀襲擊沿海地區、
騙取他們的羊,販售他們各種大小的鯨魚,
同時覬覦他們的名媛淑女!

A TOUR TO FOREIGN PARTS.

Ask the Past 113

如何刺青

西元1563年

　　想要在身體或臉上刻下永遠抹不掉的字，你必須進入烘房，或溫度非常高的熱房間，在你全身流汗之際，用喜歡的墨水在身體上寫下想刻的字，用鋒利的剃刀在皮膚上刻劃，在切口部份填入泥土，顏色隨你選擇，然後維持此一狀態，由於高溫的關係，皮膚切口將會自然閉合，你所刻劃的字體或圖案將會永遠保存下來。

　　　　阿列修・皮蒙特西（Alessio Piemontese）
　　　　《皮蒙特亞歷克斯大師的祕方——第二部》
　　　　（*The Second Part of the Secretes of Maister Alexis of Piemont*）

　　　　人體藝術DIY的祕密武器：
　　　　一間三溫暖房和一把泥土。

如何製造鳥飛彈

十三世紀

　　用另一種火焚燒敵人,無論他們身在何處。取石油、深色石油、液態瀝青和硫磺油,將之混合置入陶罐,埋在馬糞堆中十五天。取出之後,將之塗抹在烏鴉身上,讓烏鴉在敵人帳篷上盤旋飛行。日出時,在溫度將它融化之前,混合物將會燃燒起來。但是我們建議,此法應在日出之前或日落之後使用。

馬可士・葛萊克斯(Marcus Graecus)
《以火制敵祕方》(*Liber ignium ad comburendos hostes*)

☞

　　祕密揭曉:憤怒鳥的起源和行動策略。
　　文中沒有解釋如何讓烏鴉飛到敵人的帳篷,
但我的猜測是,將牠們放在「小鳥彈弓」上,用手指發射出去。

如何生出漂亮的小孩

西元1697年

說到相似性一事,沒有什麼比母親的想像力更強大的,如果她的目光盯上任何物體,同時在腦海裡留下印象的話,我們往往會發現,小孩子的身體在某種程度上會跟該物體產生相似性……。許多婦女懷孕時,看見一隻野兔穿越眼前,透過豐富的想像力,就會生出一個嘴唇多毛的小孩子。有些小孩天生鼻子塌塌、嘴巴歪歪、嘴唇巨大肥厚,或是身體變形;絕大部分歸因於母親的想像力,她的目光和心靈蒙上一些變形、扭曲的生物形象。因此,如果可能的話,所有孕婦理應避免這些景象;或者至少不要凝視它們。

《亞里士多德名著全集》
(*Aristotle's Master-piece Completed*)

對不起,準媽媽們,禁酒、禁食壽司、禁食軟乳酪。
現在,你可以從懷孕期間可容許的活動列表當中,
再刪掉逛動物園、水族館、和馬戲團了

參見:如何生孩子,約西元1450年,頁59。

如何治牙痛
西元1779年

牙痛通常是由不純淨的血清所引起的,它會侵蝕黏膜和神經;往往都是感冒、風濕病所帶來的,尤其是發生於天氣突然變化時……。最好的根治方法就是,如果方便施行的話,把牙齒拔掉。如果受影響的部份不是臼齒的話,可以找健康的人剛拔下來的牙齒取代之,通常一樣有用,也和原本的牙齒一樣的持久。

《倫敦醫術實習》
(*The London Practice of Physic*)

👉

嫉妒你朋友一口完美的牙齒嗎?你也可以擁有哦!哦,說真的啦:只要把它拔出來,放到你嘴裡就行了。

如何為女士調酒

西元1892年

　　最受女性青睞的調酒。一個大杯子、一注汽泡蘇打水、一勺細砂糖,酒杯倒入一半的雪利酒和一半的紅葡萄酒,加入少許白蘭地,混合調勻。加入刨好的冰塊;用柳橙和鳳梨點綴,最上面再放一層冰淇淋,以湯匙享用。

　　威廉・史密德（William Schmidt）
　　《調酒的藝術》（*The Flowing Bowl*）

啊,少女喜愛喝的酒。
但不是很清楚調製的時機與方式。
也許用來裝飾的聖誕冰淇淋,
其實是用來掩飾她們喝光了滿滿一杯酒。

如何測量脈搏

十二世紀

要注意病人此刻不是側躺著、五指也不是張開的、亦非緊握拳頭。你應該要用自己的左手舉起他的手臂,然後測量脈搏,至少要數到跳動一百下為止,那麼你就可以看出不同的律動節奏,而在病人身旁站著等候許久的朋友,也會更注意聆聽你的意見。

《薩勒諾醫學論文》(*Salernitan medical treatise*)

☞

成功診斷的前兩個步驟:
量病人的脈搏,以及令病人的朋友印象深刻。

120　餐桌上的中世紀冷笑話

如何唱歌

西元1650年

歌唱者不應透過鼻子來唱歌,也絕不能講話結巴,否則別人會聽不懂。他也絕不能伸舌頭或是說話口齒不清,不然他所說的話別人可是半點也聽不懂。他的牙齒不應該完全閉合,或是過度張開嘴巴,也不能伸出舌頭舔嘴唇、或是嘴唇噘高、或是歪嘴巴、或是鼓起腮幫子、扭鼻子扮鬼臉,像隻馬來猴似的。也不能皺眉頭、前額不能起皺紋、不能搖頭晃腦、或眼珠子轉啊轉的、或是眨眼示意,也不能顫抖嘴唇等等。

克里斯多福・班哈德(Christoph Bernhard)
《論歌唱風格藝術》(*Von der Singe-Kunst oder Manier*)

別讓你的歌唱生涯毀在表情惹人厭這種老問題上。

如何幫幼童伺酒

約西元1450年

我在此簡單說明如何照顧小孩直至七歲……。說到酒的部份，小孩子應該都要喝普通的酒，稀釋的程度多寡要根據酒精濃度、以及小孩子的年齡大小來決定，因為年紀較大的小孩所喝的酒，可以滲比較少的水，白酒比紅酒更適合。

米開羅・薩瓦納羅拉（Michele Savonarola）
《孕婦飲食調理》（*Ad mulieres ferrarienses*）

作者沒有說明哪一種紅酒最適合搭配香蕉泥！

Ask the Past   123

124　餐桌上的中世紀冷笑話

如何製作巨蛋

西元1660年

　　製作一個如二十顆蛋那麼大的合成大巨蛋。取二十顆雞蛋，將蛋白和蛋黃分開，分別過濾；然後取兩個可充氣的囊袋，用其中一個囊袋煮蛋黃，牢牢地綁成一顆圓球，煮熟之後將蛋黃取出放進另一個囊袋，讓蛋白環繞在蛋黃外層，同樣把囊袋綁成一顆圓球，煮沸之後就會是一顆完美的蛋。這適合大份量的沙拉。或者，你可以在這些蛋黃中添加麝香和龍涎香、蜜糖開心果、磨碎的餅乾麵包和糖，而在蛋白部份加入杏仁膏、麝香、柳橙汁、壓扁的生薑，搭配奶油、杏仁牛奶、白糖和柳橙汁一起食用。

　　　　羅勃特・梅（Robert May）
　　　《奧妙的烹飪藝術》（The Accomplisht Cook）

因此，你的選擇如下：
製做一個巨型雞蛋，搭配巨型沙拉食用。
或是搜刮你儲櫃裡所有的食材，
製作一個具麝香氣味、蜜糖開心果、和柳橙汁的巨型雞蛋，
再搭配上反胃的悔恨。請慢慢享用！

如何解放

約西元1200年

如果迫不得已要在樹林裡或原野之中解放腸胃的話,此人必須站在迎風之處,同時蹲在陰暗角落解決。解放了之後,應該用左手擦屁股。當你的敵人正在清空腸子時,不宜在此時向他尋求報復,傷害一個正在蹲著解放的人,是很可惡的事⋯⋯。不要讓你的屁股放出無聲屁;讓別人聞到自己的臭屁味,是很不光彩的事。如果你的腸子正在翻攪的話,找一個適合解放的地方。

貝克爾斯的丹尼爾(Daniel of Beccles)
《文明人之書》(*Urbanus magnus*)

噢,注意:從中世紀的陰暗角落找到的一小堆完美的智慧。

如何治癒各種傷口
西元1686年

　　醫治一切創傷的飲品⋯⋯取變豆菜、西洋蓍草、和匍匐筋骨草，均等的份量放在研缽中搗碎，並用酒與之調合，然後拿給受傷的病人飲用，一天兩次至三次，直到痊癒為止。匍匐筋骨草使傷口打開，西洋蓍草潔淨傷口，變豆菜使傷口癒合；但是變豆菜或許不適合給頭部、或頭蓋骨受傷的人服用，恐怕會有危險。這是一帖很好的，經試驗過的用藥。

漢娜・伍利（Hannah Woolley）
《仕女美容、烹飪與園藝之美》
(*The Accomplish'd Ladies Delight*)

變豆菜（Sanicle）、西洋蓍草（Milfoli）、和匍匐筋骨草（Bugle），這些名稱聽起來像個律師事務所，其實不是！它們是極受人敬重的醫療團隊精靈，專攻創傷護理。

Ask the Past　127

如何整理草坪

約西元1260年

　　沒有什麼比得上整齊的短草坪,更能讓人一看便精神為之一振。必須清除花園內所有的雜草,但這事兒幾乎很難辦到,除非將雜草連根拔除,表面盡可能平整,然後將滾燙的開水倒在地面上,將殘留的根和種子破壞殆盡,從此再也不能發芽⋯⋯。接著必須在地面鋪上一層從精良牧草地裁剪下來的草皮,用木槌錘打,再用腳均衡地踩平,直到幾乎看不到它們為止。然後,慢慢地,這些草會像健康的頭髮般向上生長,同時像一塊精美的布覆蓋地面表層。

　　　　艾伯特・麥格努斯(Albertus Magnus)
　　　　《論植物》(De vegetabilibus)

　　光是煮沸開水和錘打草坪,就會耗掉你整個週末了。
　　但想想你的鄰居會多麼羨慕又忌妒你家那一塊整齊的草坪啊!

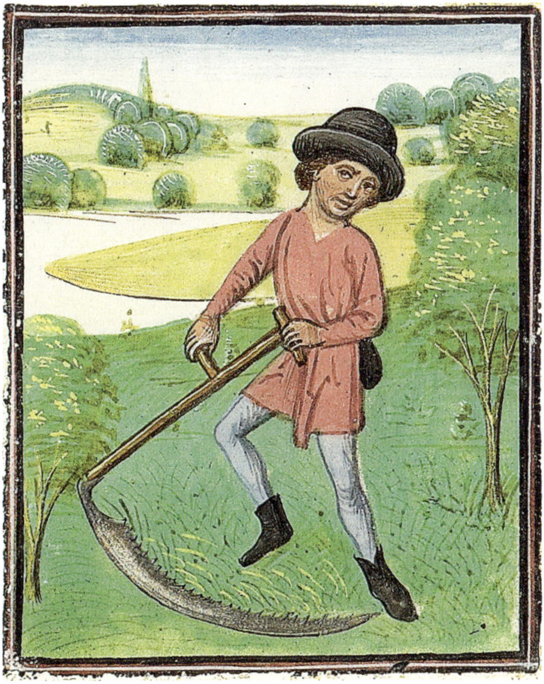

如何打理游泳裝扮
西元1881年

　　法蘭絨布為泳衣的最佳材料,而灰色被公認為最適合的顏色,或許加上鮮豔的絨線鑲邊。最好的形式是寬鬆的短外衣、或束腰,束緊在腰間,長度介於膝蓋和腳踝之間的位置;一頂防水布泳帽保護頭髮、和一雙美麗諾羊毛襪搭配泳裝,整個泳裝造型完成。

約翰 H.・楊（John H. Young）
《論各式社會禮儀規範》（*Our Deportment*）

1880年代流行的海灘風格！
包覆著灰色法蘭絨布、防水布泳帽、美麗諾羊毛襪,保證不會曬傷。
唯一的缺點是,其他泳客可能會誤以為你是海象。

如何在水中彈跳

西元1595年

雙腿同時在水面上彈跳。首先,背打直仰躺下來,雙手手掌用力往下壓,讓身體保持在水面上,雙腿同時從水中往外踢,往上彈跳,就像跳舞時上下舞動一樣,以此方式即可。

埃弗拉・迪格比（Everard Digby）
《游泳訓練入門》
（*A Short Introduction for to Learne to Swimme*）

當你在游泳池想讓其他泳客驚艷時,
有時光靠仰泳是不夠的。
以雙腿壯觀地蹦跳滑過慢水道這種水上舞蹈,
必使旁觀者為之著迷。

如何保健牙齒

十三世紀

以下教你如何保健牙齒:收集韭菜的顆粒,以莨菪(Henbane)*燃燒之,用漏斗將煙引導至你的牙齒,好像抽著煙斗似的。

《健康養生準則》(*Regimen sanitatis Salernitanum*)

👉

不能刷牙時,就用煙燻吧!
九成的中世紀牙醫都推薦此法。

---

* 茄科植物,又稱「天仙子」。

如何善用柳橙

西元1722年

柳橙是一種大大圓圓的水果,一開始是綠色,然後變成淡紅黃色,外面有一層粗粗的果皮,

中間的果肉是由許多小囊泡組成的,充滿了大量的汁液⋯⋯。柳橙的果汁常被用作調料來增進食慾,十分甘甜又清涼,具止渴功效,也可用來幫助退燒;針對壞血病有極大的用處。

約瑟夫・米勒(Joseph Miller)
《植物草藥簡述》(*Botanicum officinale*)

還有什麼比橘子更甘甜的呢?
但願我們能夠用言語形容它迷人的紅黃色⋯⋯

餐桌上的中世紀冷笑話

如何換尿布

西元1612年

　　如何讓小孩子保持乾淨⋯⋯。保姆或其他人必須坐在火爐附近，雙腿伸長，在她腿上放一個軟枕，門窗緊閉，她的身上要有一些東西能夠替小孩子擋風⋯⋯。如果小孩弄髒了自己，或許可以用少許溫水和溫酒，以海綿或麻布清洗他。為他調整姿勢的時間通常大約是在早晨七點鐘，中午再一次，然後是晚上七點鐘。大約午夜時分再替他換一次尿布（此舉並不常見），如此便不會出差錯了。但是⋯⋯在他睡了好一會兒之後，切記每隔一段時間替他翻身，否則他可能會大便或是尿濕自己。

賈克・基爾摩（Jacques Guillemeau）
《快樂分娩》（*Child-birth or, the Happy Deliverie of Women*）

☞

嗯，火爐邊的瑜伽姿勢和換尿布的防風披肩增加了一點難度。但從好處看，你只需要一天做三次，而且還有葡萄酒可喝。（酒侍？這是給「金粉黛」*的工作？）

參見：如何保護嬰兒，西元1697年，頁202。

---

* 　金粉黛（Zinfandel），美國知名紅葡萄品種，有「葡萄中的貴婦」之美譽。

如何殺死蛇
西元1688年

一、如何將蛇和小青蛇趕到同一個地方：取一把洋蔥、十隻河蟹，將之一起搗碎，然後放置在蛇和小青蛇出沒的地方，如此牠們便會群聚在一起。

二、殺蛇和小青蛇：取一根大蘿蔔，用之敲打蛇和小青蛇，一擊必能使之斃命。

R. W.
《家庭必備之書》（*A Necessary Family Book*）

一種簡單又精確的技術：
用一個大的螃蟹蛋糕引誘蛇，然後用蘿蔔棒打牠們。

如何有禮貌地打嗝

西元1640年

（你因為吃太飽，或是胃寒，突然很想打嗝排氣）此時你要是不小心打嗝，發出太大的聲響，結果讓大家都注意到了，這是一個壞習慣。這事兒應該私下進行以免被他人發現。有些人非常的文明，當他們打哈欠或打嗝時，會很自然地將手放在臉上，彷彿在撫弄鬍鬚似的，同時也遮嘴掩飾，好讓你完全沒有察覺到他們。

盧卡斯・葛拉西安・丹提斯科（Lucas Gracián Dantisco）
《西班牙豪俠》（*Galateo espagnol, or, the Spanish Gallant*）

你好像還需要一個留性感的鬍子的理由：
它提供了極好的打嗝掩護法。

M.D. XX III

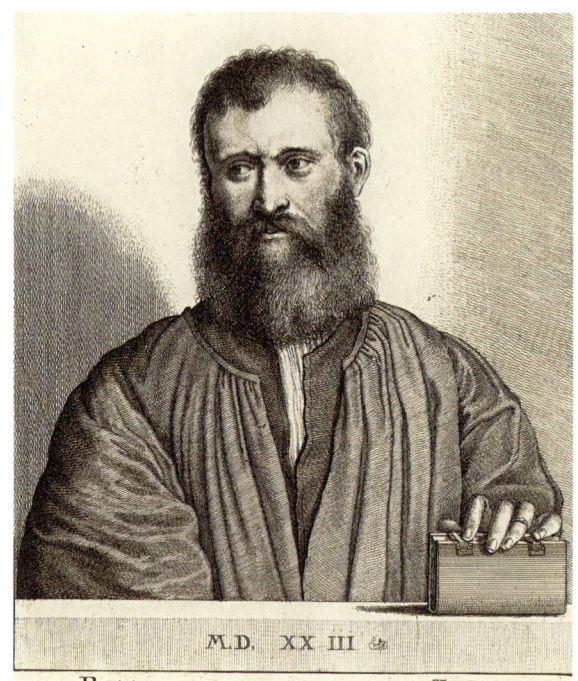

RITRATTO DE MONSIG.^RE GIO
DELLA CASA.

如何講笑話

西元1558年

　　當你所講的笑話都沒有得到聽眾的笑聲回應時，你應該停止、並且克制自己以後不要再講笑話了。問題在於你，而不是在你的聽眾……。笑話是心靈的活動，如果讓人聽來愉快又生動，就代表和證明了說話者的頭腦靈活、性格爽朗——這一點特別受人歡迎，深受我們的喜愛。但是，如果笑話沒有風度、又不吸引人的話，會造成反效果，讓人覺得是個傻瓜在開玩笑，或是一個穿著緊身背心、屁股大大的胖子在扭腰擺臀地跳舞。

　　　　喬望尼・德拉卡薩（Giovanni della Casa）
　　　　《禮儀》（*Il Galateo overo de' costume*）

喬望尼・德拉卡薩：有經驗的外交家、敏銳的社會評論者，也是文藝復興時期喜劇俱樂部中令人生畏的批評者。

如何讓人笑到死
十三世紀

　　腋下有某些靜脈被稱為「笑穴」,如果被切斷了,會造成一個人笑到死。

　　理查德斯・薩勒尼塔諾斯(Richardus Salernitanus)
　　《解剖學》(*Anatomia*)

　　　　厭倦了別人對你的笑話毫無反應嗎?
　　　　只要戳他們的腋下就成了。

如何在十四天內瘦身成功

西元1579年

使肥胖的人變苗條，有一個經證明有效的絕佳妙方。每天早上和傍晚，讓他們吃三到四瓣的大蒜，並盡可能多吃麵包和奶油，徹底執行；早上進食之後，三至四個小時不吃，也不喝，如此至少持續十四天。同時每天喝三大口的茴香煎藥，也就是：浸泡茴香的水，過濾乾淨，至少十四天，在早晨、中午、和晚上服用。我認識一個人，胖得不得了，無法行走超過四分之一哩，期間不得不停下來休息至少十幾次，服用此藥之後，不再肥胖了，從此可以健全地徒步行走。

湯瑪士・洛普敦（Thomas Lupton）
《一千件值得注意之事》（*A Thousand Notable Things*）

大蒜麵包淨化：這種食療法只要十四天之後，
你就可以擺脫惱人的肥胖，準備去沙灘玩了。
徒步去哦。

參見：如何減重，十二世紀，頁67。

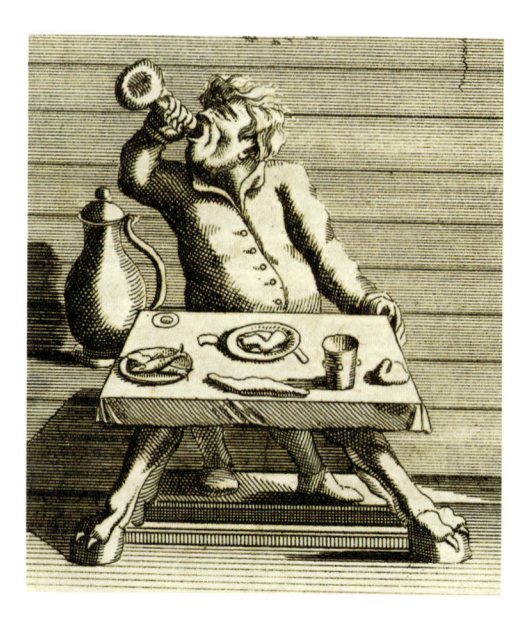

如何製作法式吐司
西元1660年

　　法式土司。切法式長條麵包,放在乾淨的烤架上烘烤非常厚的麵包,再將它們浸泡在紅葡萄酒、薩克葡萄酒、或任何酒當中,搭配上糖和柳橙汁食用。

羅勃特・梅（Robert May）
《奧妙的烹飪藝術》（*The Accomplisht Cook*）

你知道嗎？
「法式」在烹飪美食的簡稱是「在所有早餐中佐以葡萄酒」。有此錦囊妙計,你將很快掌握法式烹飪的訣竅。

如何清除汙漬

西元1562年

將絲綢上各式各樣的污漬清除乾淨。從氣味強烈、又大又圓的蘑菇取出汁液,在污漬處沾上蘑菇汁,靜待兩個小時之後,再用清水沖洗,等它們風乾。

阿列修・皮蒙特西(Alessio Piemontese)
《皮蒙特亞歷克斯大師的祕方──第三部》
(*The Thyrde and Laste Parte of
the Secretes of the Reverende Maister Alexis of Piemont*)

何必再用去污棒呢?
只要在上衣塗抹一個大蘑菇就成了。

144　餐桌上的中世紀冷笑話

如何成為主廚
西元1473年

　　主廚在他的廚房負責下命令、規範、並受大家的服從。餐檯和壁爐之間應該要有張椅子,必要時可供他坐著休息;椅子擺放的位置,要讓他能夠觀察檢視廚房當中的一舉一動;他手中應該要有一隻大木勺,此木勺具有雙重功用:一是用來試喝濃湯和燉品,其次用來驅趕小孩子離開廚房,或是勒令他們工作,必要時,用來教訓他們。

　　　　奧利維爾・德拉馬許(Olivier de la Marche)
　　　　《回憶錄》(*Mémoires*)

任何一位新手阿基師都很了解:
如果你想成為頂級廚師,你必須以鐵腕和木勺控管你的廚房。

如何準備沐浴

約西元1450年

　　如果你的主人想要沐浴淨身,用充滿花朵和美麗的綠色草本植物的大塊布幔環掛天花板四周,還有五、六個海綿供他就坐或倚靠,注意要留一大塊可坐的海綿,覆蓋一層被單,好讓主人可在該處沐浴消磨一段時間。如果有多餘的海綿,同時也留一塊在他腳下。永遠要特別留意門有關上。備妥滿盆熱騰騰的新鮮草藥,並用柔軟的海綿潔淨他的身體,用芳香溫熱的玫瑰水為他沖洗,隨之灌注在他身上,然後服侍他上床睡覺;但是要注意床鋪是香甜美好的,先替他穿上襪子和拖鞋,好讓他能夠走近、站立在火爐邊,再用乾淨的布將他的腳擦乾,帶他上床,讓他的煩惱一掃而空。

約翰・羅素(John Russell)
《貴族管家訓練指南》(Book of Nurture)

請問你平時洗澡有用到大量的新鮮牧草和半打海綿嗎?
嗯,看來中世紀讓你學會如何沐浴淨身。

Ask the Past 147

148　餐桌上的中世紀冷笑話

如何製作起司歐姆蛋

約西元1393年

首先,用油、奶油、或任何你喜歡的油脂來熱鍋,一旦整個鍋底、尤其是接近把手的部份都均勻受熱之後,再將打好的雞蛋倒入鍋內,用鍋鏟不時翻面,然後撒上一些磨碎的起司。要知道,起司必須舖撒在上層,因為,如果你將磨好的起司與香料和雞蛋混合在一起,當你煎蛋時,起司會粘在鍋底。把雞蛋與起司混在一起煎,就會發生這種事。因此,要先將雞蛋放入鍋裡,再舖上一層起司,邊緣用蛋包覆,否則會粘鍋。

《持家指南》(*Le Ménagier de Paris*)

如果不聽古人明訓,我們注定會重蹈覆轍。
因此,讓我們打破這個循環,**先將雞蛋放在鍋裡,再放起司**。

如何治療青春痘

西元1665年

　　想要治癒臉上的紅腫和青春痘……或許可以在臉上塗抹鴿子、小母雞、或是閹雞的翅膀下剛取下的溫熱鮮血,把血敷在臉上整晚,早上再用溫水、或是肥皂和燕麥片等煎煮的水,將之清洗乾淨。要不然,也有其它補救措施,取牛肉、小牛肉或羊肉頸部的鮮肉,切成兩、三個薄片,敷在臉上紅腫的地方,並經常更換,否則會發臭;萬一你沒有新鮮的肉,你也可以取舊的肉片,把它們放在木炭上,再將溫熱的肉片敷在紅腫之處。

湯瑪士・傑姆森(Thomas Jeamson)
《保持美麗的祕方》(*Artificiall Embellishments*)

捨棄藥房吧;直接去找肉店老闆,尋求萬無一失的青春痘療法。

如何從舞會災難中平復心情

西元1538年

跌倒之後,立刻站起身來,繼續振作精神完成先前的舞步,完全沒有抱怨:盡情手舞足蹈吧!⋯⋯而且,如果你不爬起來,就無法再次跌倒了。沒人會愛上一個趴在地上的人。

安東尼奧・艾瑞納(Antonius Arena)
《跳舞準則》(*Leges dansandi*)

☞

一直跳舞,遲早有一天會摔倒。
你有兩個選擇:思考你的存在性,或假裝什麼事都沒發生。
盡情手舞足蹈吧!

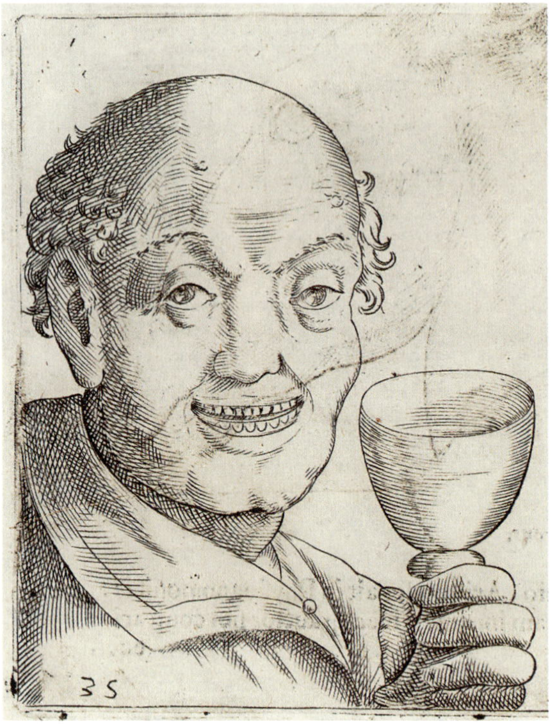
35

如何喝啤酒
西元1623年

　　啤酒因蛇麻子*而過於苦澀……傷精神、有損視力、並引起頭痛，讓腦子裡充斥著惱人的蒸氣……。在此，有些人可能會問，啤酒究竟是該冰冷時喝，還是微溫時喝比較好，尤其是在冬季時？針對這點我的回答是，我知道有些人這麼做，不管是冬天或是一年任何時節，但我想不出充分的理由認同喝溫啤酒，因為這令人噁心、傷脾胃……。此外，啤酒也無法真正解渴、緩和體內之熱氣、使身體內部冷卻，就算是喝冰啤酒亦然。

　　托巴雅斯・維納（Tobias Venner）
　《健康長壽祕方》（*Via recta ad vitam longam*）

這是剛從飲酒知識檔案庫中發現的：
選擇不當的啤酒會讓你頭痛，而溫啤酒令人噁心。

參見：如何選擇啤酒，西元1256年，頁26。

---

* 蛇麻子（hop），又稱「啤酒花」，生產啤酒的主要原料，賦予其特有的苦味與清香。

如何與人交談

西元1646年

不要抖動你的頭、腳、或腿部;不要轉動你的眼珠。不要挑起眉毛,使一邊高於另一邊。不要嘴巴歪斜。千萬要留意你的唾沫,別讓它噴到交談對象的臉上,為避免此事發生,切莫和對方太靠近。

法蘭西斯・霍金斯(Francis Hawkins)
《青少年行為》(*Youths Behaviour*)

近身對話者:自十七世紀以來恐怖的交談對象。

如何有禮貌地進食

西元1646年

如果你用麵包或肉去沾醬汁,在你咬過之後,不可再重覆此舉。每一次沾醬時,只要沾一小口,一次可以吃掉的份量。

法蘭西斯 · 霍金斯(Francis Hawkins)
《青少年行為》(*Youths Behaviour*)

教導你切莫成為「近身對話者」的同一位權威人士,
給你更多經典的忠告:不要成為重覆沾醬者。

如何跳舞

約西元1455年

跳舞務必維持優美的靈活度和肢體的風格。注意,這種靈活度和風格無論在何種情況下,都不該走極端,而是應該保持你肢體動作的中庸之道,亦即,切勿太過與不及。看起來要很流暢,就像一艘平底小船,在海水一如往常風平浪靜之際,透過兩槳在水波中划行前進,而這些水波緩慢上升,又快速地下降……。避免走向鄉巴佬、或是街頭賣藝者的極端。

多梅尼科‧達皮爾琴察(Domenico da Piacenza)
《舞蹈藝術》(*De arte saltandi*)

☞

跳舞要像沒人在看你似的……而你是一艘平底小船。

參見:如何打理跳舞的裝扮,西元1538年,頁65。

如何驅除蚊子

約西元1260年

如果一棟房子或其它地方有蚊子聚集,用大象的糞便煙燻之後,它們會立刻飛走並死亡。

艾伯特・麥格努斯(Albertus Magnus)
《論動物》(*De animalibus*)

☞

這是一個絕妙的技巧,
適用於和大象一起野營的場合。

參見:如何捉蒼蠅,約西元1393年,頁43。

如何治噁心
西元1693年

　　快速治療嘔吐的方式。取一大顆肉荳蔻，研磨掉一半，烘烤平面那一側，直到油性部位開始分泌或出油，隨即將之拍在病人的腹部凹處，以他所能承受的熱度，在溫熱期間持續放在該處，必要時，再放另一個。

　　　　羅勃特・波義爾（Robert Boyle）
　　　　《藥物實驗》（*Medicinal Experiments*）

☞

　　如果你幸運的話，病人看到熱騰騰的肉荳蔻在他的腹部，
　　　會因為過於驚訝而完全忘了噁心的問題。

如何打扮給人留下印象

西元1632年

所以，一個男人想要衣著恰當，並不代表一定要華麗才行，只要他一向穿著乾淨、潔白的衣服，合宜的鞋子，就足夠了。至於他的服裝，就算不富麗，但至少不能是破舊、骯髒的。讓他戴全新、最新時尚流行的帽子。讓他總是吹乾頭髮，並且梳理整齊。讓他細心保持鬍子的整齊，否則可能會造成他言談或進食之間的不便。尤其要一直保持牙齒和口腔的乾淨衛生，那麼受他招待的對象就絕不會受他的口臭所困擾。

尼古拉斯・法瑞特（Nicolas Faret）
《正直的人》（*The Honest Man*）

好消息，各位紳士！你不必衣著華麗。
只要記得檢查你的服裝是否骯髒，
還有，我知道這樣要求過多，但盡量記得擦乾你的頭髮。

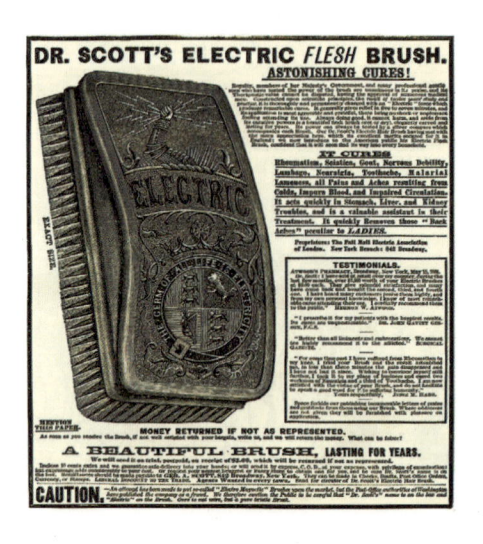

如何靠摩擦力健身

西元1827年

摩擦力是一種極具價值的運動方式……它在加強消化器官、促進通暢的排汗、清除阻塞物、放鬆筋攣收縮、讓身體自然發熱、增加能量至全身系統，都具有強大的功效……摩擦力可透過手、或利用法蘭絨、粗羊毛手套、或去角質刷而在身體上起作用。後者是到目前為止最佳的方法。

湯瑪斯・約翰・格雷厄姆（Thomas John Graham）
《現代家庭醫學》（Modern Domestic Medicine）

試圖維持一個健身計劃，卻缺乏動力嗎？
不妨考慮用去角質刷進行精力充沛的摩擦運動！

如何讓自己隱身

西元1560年

如果你想讓自己隱身,找一塊「眼睛之石」(Ophethalmius),並用月桂樹的葉子包覆之,人們稱之為「歐珀寶石」(Obtelmicus),其多彩繽紛,故無法命名其顏色,由於這種特性,任何旁觀者看了之後,都會不由得眼眩目盲。

《艾伯特・麥格努斯的祕密之書》
(*The Boke of Secretes of Albertus Magnus*)

👉

原來,隱形的祕密:只要用葉子和發光的蛋白石打扮自己,
旁觀者就會被你的金光閃閃弄得眼花目眩而看不見你,
也看不見任何東西了。

如何滅火

十二世紀

　　如果發生火災了，應該用沙子和麥麩滅火，如果火勢變得更猛烈，用尿液浸泡的沙子。

《一窺中世紀工藝技術》（*Mappae clavicula*）

👉

　　下次生營火時，記得確保手邊有足夠的沙子和麥麩。（事情真的很嚴重時再用尿液浸泡這招。）

如何美白牙齒

西元1686年

一種美白牙齒的牙膏。取雄鹿角和馬的牙齒各二盎司，海貝殼、食鹽、柏樹堅果，各一盎司；一起放在火爐中燃燒，並製成粉末，再用樹膠黏液與之混合，以此塗抹在牙齒上。

漢娜・伍利（Hannah Woolley）
《仕女美容、烹飪與園藝之樂》
(*The Accomplish'd Ladies Delight*)

現在你知道美白牙膏是用什麼做成的了。

如何魅惑男人

西元1896年

　　當妳想要讓任何一個妳遇見的人「愛上」妳，就算妳並不認識他，妳也可以很容易接近他，讓他認識妳……。無論在何時或何地，當你們再次見面，一有機會就以認真、誠摯、又深情的態度，緊握他的手，同時遵遁下列重要的方針，亦即：當妳握住他的手時，輕柔卻又堅定地以拇指按壓他拇指和食指之間的骨頭，在妳按著該處血管（確定脈搏跳動）的一瞬間，認真、熱切地注視著他，並發送妳全心全意、整個靈魂的力量到他身上，他將會成為妳的朋友……。

《仕女實用訊息之書》
（*The Ladies' Book of Useful Information*）

☞

這個方便的技術讓妳不僅可以蠱惑迷人的陌生人，
還可以檢查他的心跳是否停了。

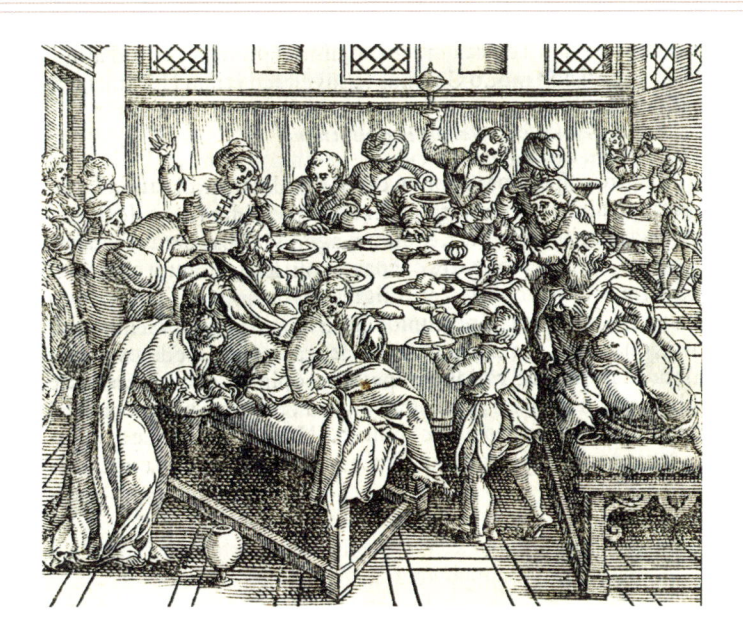

如何在餐桌上就座

西元1530年

請確保你的腳不會打擾到坐在身旁的人。在座位上動來動去,屁股一會兒歪這兒,一會兒歪那兒,會讓人誤以為你在放屁,或是想放屁。因此,你的身體應該要保持直立、平衡才是。

德西德里烏斯・伊拉斯默斯(Desiderius Erasmus)
《男孩的禮貌教育》(*De civilitate morum puerilium*)

👉

人文主義的泰斗針對脹氣進一步的教導:
被人誤會自己在餐桌上放屁,簡直比被人發現放屁還糟。

如何保持年輕
西元1489年

　　有個古老傳說,某些能預言未來的女人,人們稱其為「尖嘯貓頭鷹」,她們只要一有機會,就會吸取小嬰兒的血液,作為恢復青春的手段。我們老人們⋯⋯何不也同樣吸取年輕人的血液呢?我說年輕人啊,熱誠、健康、快樂又溫和,他們的血液都是最上等的,血量可能也很豐富。因此,老人們可以像水蛭一樣,從左臂幾乎看不見的血管,吸取一、兩盎司的血,立即服下等量的糖和酒;他們會在又飢又渴、以及月圓之際採取行動。

　　　　馬西里歐・費奇諾(Marsilio Ficino)
　　　　《人生三書》(De vita libri tres)

徵求:熱心參加返老還童實驗的年輕人。
時間彈性,但必須在月圓之際的進餐時間出席。

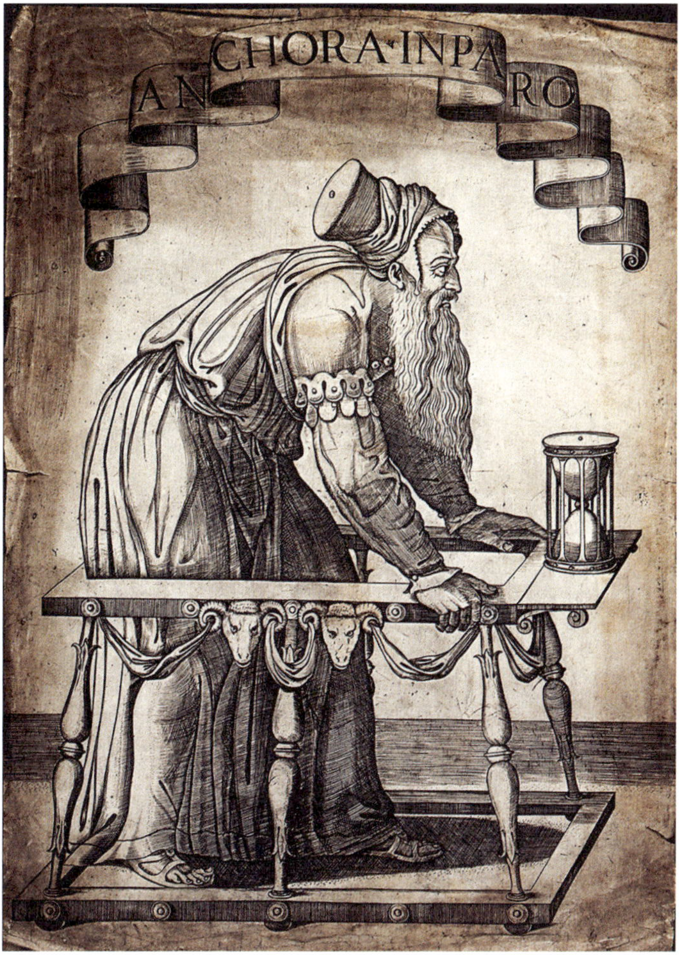
ANCHORA·INPARO

如何製作巧克力

西元1685年

　　取七百顆可可堅果、一磅半的白糖、二盎司的肉桂、十四顆墨西哥胡椒（又稱辣椒或甜椒）、半盎司的丁香、三根小麥稈、或坎佩切（Campeche）香草，若還不夠的話，再加上相等於一先令（shilling）*重量的大茴香種子、或是如榛果大小的紅木果少量，應該足以用來添加一點顏色；有些人還會再加一些杏仁、榛果、和柑橘花汁液。

菲利普・西爾維斯特・迪佛（Philippe Sylvestre Dufour）
《咖啡、茶、巧克力之烹煮技巧》
(*The Manner of Making Coffee, Tea, and Chocolate*)

☞

你還杵在那兒幹什麼呢？這七百顆可可堅果可是要人工計算的！

＊ 貨幣單位。

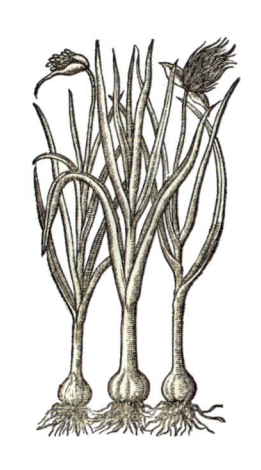

如何保持健康

西元1607年

在此依序六樣東西,須確保取得,具有某種百毒不侵的神奇力量。梨子、大蒜、紅根、堅果、油菜、及芸香,當中又以大蒜為首,因舉凡食用大蒜者,可飲酒,而毋須擔心酒是由何人所釀,可步行於時時刻刻受污染的空氣中。食用大蒜之後,將具有免於死亡的力量,雖然會產生令人厭惡的口氣,也要忍受。不要像有些人蔑視大蒜,認為大蒜只會使男人眨眼、飲酒、充滿臭氣。

約翰・哈林頓(John Harrington)
《英國人健康養生之道》(*The Englishmans Docter*)

固定食用大蒜會讓你對中毒、瘟疫和死亡免疫。
事實上,它會讓你百毒不侵,除了滿口的臭大蒜味!

如何製作番茄醬

西元1774年

　　如何製造能夠保存二十年的蕃茄醬。取一加侖陳年的濃啤酒、一磅的鳳尾魚,將醃漬的水洗淨,一斤的青蔥去皮,半盎司的荳蔻香料,半盎司的丁香,四分之一盎司的辣椒,三到四大塊生薑,兩夸脫的大蘑菇去梗,切成塊狀。將這些緊緊密封,小火慢燉,直到一半蒸發為止,然後再用一個絨布袋過濾,放涼之後再裝瓶。你可以帶它到印度去。

　　　漢娜・葛拉斯(Hannah Glasse)
　　《烹飪的藝術》(*The Art of Cookery*)

☞

　　正在計劃一趟二十年的海上航行到印度去,但不確定要帶什麼調味料嗎?這種蘑菇番茄醬夠你吃幾十年、並撫慰你的心。

如何向男人施展魅功
約西元1250年

　　有時候，正如我所說的，如果戀愛沒有成功，問題是出在女士身上；因為，她或許愛慕一位紳士，然而對方可能並不知情。果真如此的話，她必須遵照以下的方式：她必須以各種方法吸引對方注意到自己；透過對他說一些含糊的話題、假裝喜歡明顯的玩笑、透過意味深長又多情的目光凝視、或透過令人愉快、又有禮貌的交談。總之，無論如何，切莫過於明目張膽的懇求。因為我從不認為女追男是合宜的行為。然而，她或許可以運用其它巧妙的偽裝，來透露她的愛意。如果這個男人真是個呆頭鵝，完全沒有察覺的話，他也真的太差勁了。

　　　理查・德弗尼沃（Richard de Fournival）
　　　《愛戀的藝術》（Consaus d'amours）

　　小姐們，如果妳真想發揮熱情，妳可以淨說一些言不及意的話、或是熱切凝視對方，只是打死不承認妳對他有意思。

Ask the Past　171

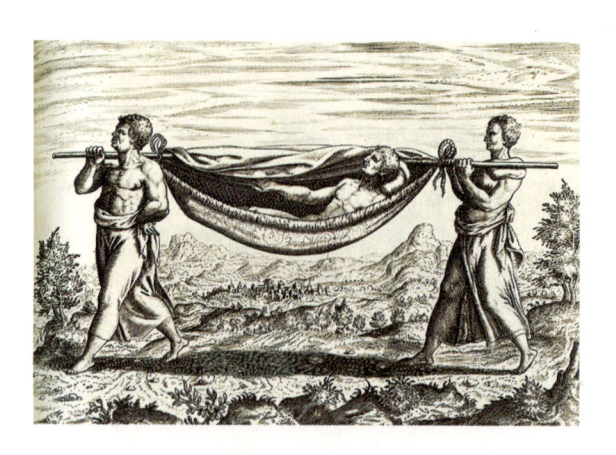

如何在旅行時也能安眠

西元1700年

我之前忘了告訴你，旅行者在途中總會遇到一些不便之處，關於寢具的部分，尤其是衣服，而床單是最令人難以忍受的，但有時候花點錢或是說些好話，就可以取得一些乾淨的床單。就我所知最好的補救方法就是，不要脫下衣服，將自己緊緊包覆在斗篷當中，尤其是頭部，那麼臉和手就不會接觸到任何不乾淨的東西；總之，需要一點耐心就能辦到，如此便能確保在許多城鎮中住得比較舒適。

安德魯・鮑爾弗（Andrew Balfour）
《信札》（*Letters*）

這種自我包覆的妙招，將能使你免於接觸世界各地骯髒的床單。祝你旅途愉快！

如何升火

西元1612年

　　有一個簡單的方法可迅速取火。取一個圓形玻璃杯，注滿乾淨的水，使它背對太陽，並維持固定，再取一件極乾燥之物，讓它靠近玻璃杯（介於玻璃杯和太陽之間），手中之物將會著火（非常奇妙的景象），可能是因為火是又熱又乾燥的元素，透過水這種又冷又濕的元素而產生。

《輕鬆小品集》(*The Booke of Pretty Conceits*)

若是你能找到正確角度的話，這是一個很妙的技巧。
如若不然，你最終還是會得到一杯溫開水。
穩贏的！

參見：如何滅火，十二世紀，頁162。

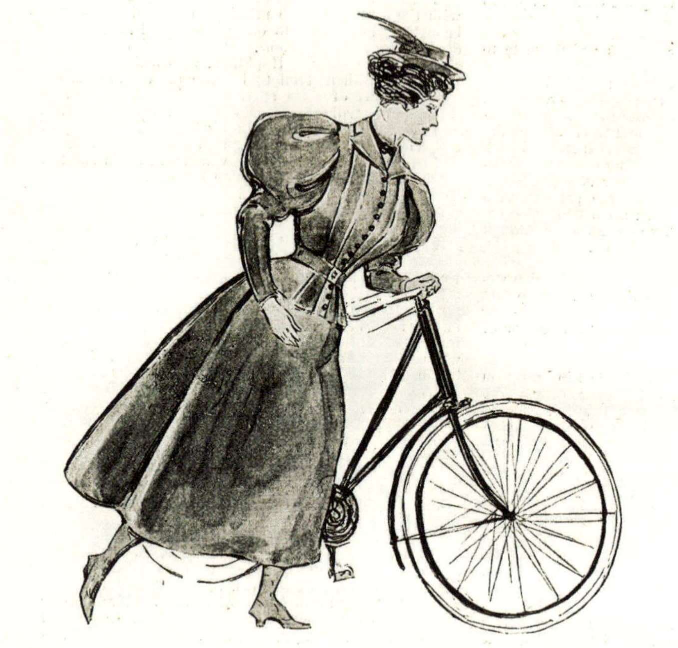

如何打理騎單車的裝扮
西元1896年

在任何時候都要保持端莊,尤其是在騎單車的時候⋯⋯。一位著名的醫師建議女性騎自行車時要穿羊毛製的服裝、頭飾輕便、平底鞋、綁腿,但不要穿束腰⋯⋯。登山帽被視為是最適合女性的頭飾。男士則應穿著一件寬鬆的便裝短大衣,輕羊毛布料的,配上燈籠褲、羊毛襪、帽子、平底鞋和居家襯衫,如若天冷時,加一件毛衣。

約翰・衛斯理・漢森(John Wesley Hanson)
《1896年之單車禮儀》(*Etiquette and Bicycling for 1896*)

騎自行車的裝束很簡單。
緊身胸衣,禁穿;登山帽,必備。

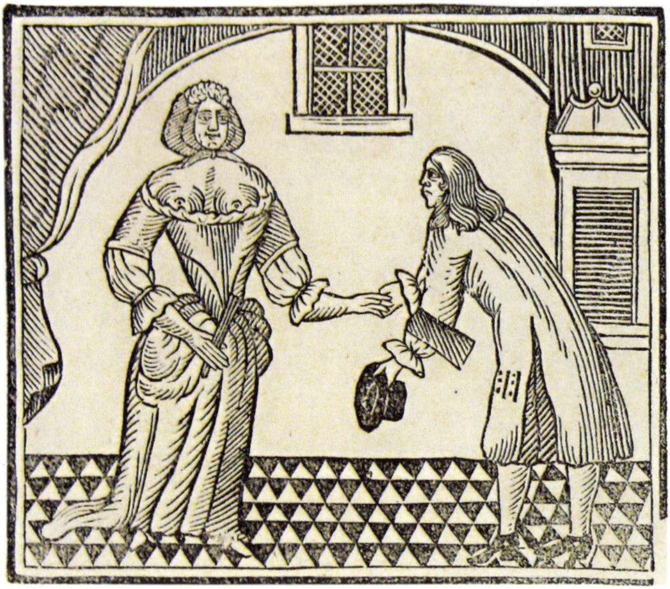

如何讚美女士
西元1663年

約翰・高夫（John Cough）所認可的多情讚美之語，
《讚美學院》（*The Academy of Complements*）：

「她如鴿般的眼睛。」
「令人迷醉、溜溜轉的眼珠。」
「她的雙頰有如閃閃發光的寶石。」
「她的雙頰好似紅蘋果。」
「她的雙頰抹上香料和鮮花。」
「她的乳房有如愛的柔枕。」
「她的乳房有如鵜鶘般柔軟、滑嫩。」
「她的雙腿是年輕詩人向世界傾訴的動人情歌最恰當的主題。」
「她的雙腿有如大理石柱般高貴又堅定。」

想要在社交網站「Tinder」*上脫穎而出嗎？
不妨試試「鵜鶘短信」——它真的會給你帶來驚喜哦。

---

* 美國最受歡迎的社交 App 之一。

如何預知死亡是否即將來臨

五世紀

如果鼻子感到疼痛、如果左側有紅色〔斑點〕卻不覺得疼痛、如果〔患者〕一直渴望蔬菜,他將於第二十五日死亡。

偽希波克拉底（Pseudo-Hippocrates）
《希波克拉底陵墓書簡》（*Capsula eburnean*）

☞

我不忍心告訴你。偶爾吃蕃茄,或是吃漢堡配沙拉?無妨。但一直想吃蔬菜嗎?這是不正常的。

參見:如何判斷一個人是生是死,約西元1380年,頁33。

如何洗頭
西元1612年

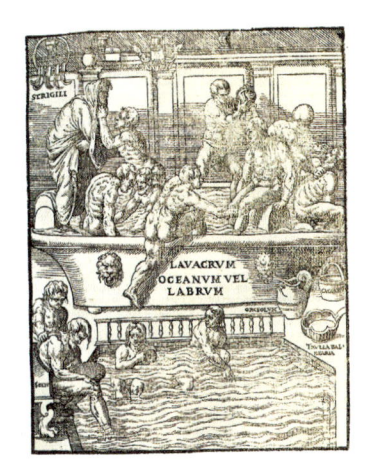

如果你一年只清洗你的頭髮四次，並且是用灰燼製成的熱鹼液來洗，你會發現這是個很棒的權宜之計。在此之後，你必須立即找一個人在你頭上澆灌二至三加侖的冰噴泉水。然後再用冷毛巾擦乾你的頭。突然澆灌下來的冷水或許會把你嚇壞，儘管如此，這是很不錯的法子，因為自此之後身體會自然充斥熱量，也不會禿頭，也能增強記憶力。

威廉・沃恩（William Vaughan）
《公認的健康指導方針》（*Approved Directions for Health*）

在頭上倒水確實是很可怕的事兒。
但是，信不信由你，一年只洗四次頭雖然很恐怖，還是有好處的！

參見：如何洗髮，十二世紀，頁90。

Ask the Past 179

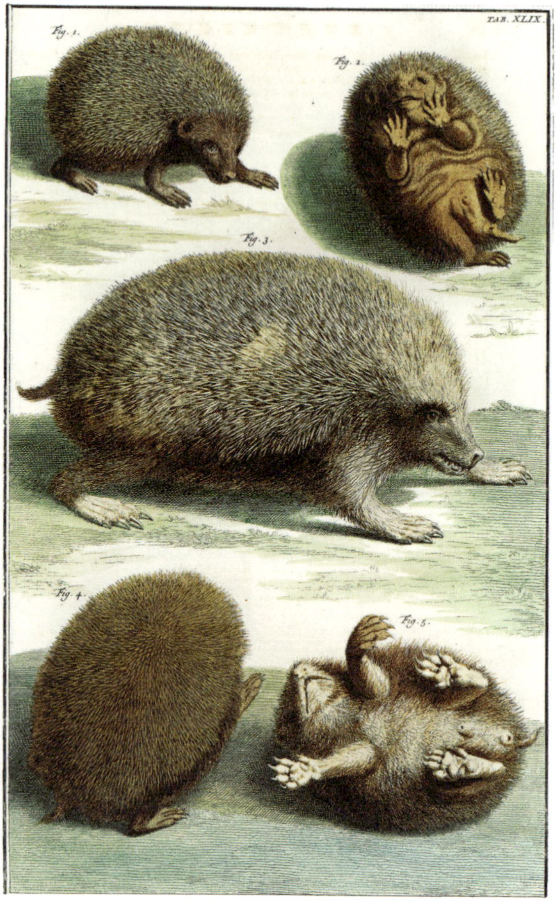
TAB. XLIX.
Fig. 1.
Fig. 2.
Fig. 3.
Fig. 4.
Fig. 5.

如何製作刺蝟

西元1725年

　　如何製作刺蝟。取一夸脫的新鮮奶油,將之煮沸,然後打一顆雞蛋加進去,再加入四分之一品脫的酸奶,將之混合均勻,持續不斷地攪拌,讓它沸騰,直到有點變色,再把它放在一塊布上,用力擠壓,取出乳清,等它冷卻之後,再加入搗碎的杏仁和精糖,然後將它擺成刺蝟的樣子,將切成小塊的杏仁釘在身上,再放上新鮮的奶油;釘上兩、三顆葡萄乾,當成鼻子和眼睛。

　　　　　　羅伯特・史密斯(Robert Smith)
　　　　　　《宮庭烹飪》(*Court Cookery*)

有時候你想要烹煮刺蝟,
但在農夫市場就是找不到,或是受到飲食的限制。
你可以上網鍵入「刺蝟日誌」(Hedge-Log),
再加點起司球、溫迪琪太太*,還有所有十八世紀的天才!

＊《刺蝟溫迪琪的故事》(*The Tale of Mrs. Tiggy-Winkle*)一書的主角。

如何預防瘟疫

西元1579年

將兩顆核桃、兩顆無花果、二十片芸香葉、和一粒鹽,全部攪碎混和,任何人食用之後,再禁食,那一天將不會受到毒藥和瘟疫之害。

湯瑪士・洛普敦(Thomas Lupton)
《一千件值得注意之事》(*A Thousand Notable Things*)

☞

十六世紀的元氣棒提供你所需的營養,幫你度過煩人(瘟疫似的)、又不愉快(有毒的)的工作日。
注意:按照指示,與一粒鹽一併服用。

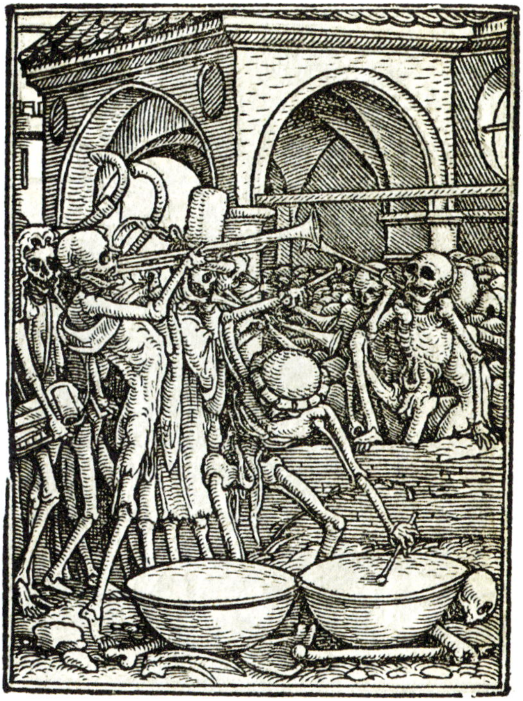

184　餐桌上的中世紀冷笑話

如何釀造公雞麥芽啤酒
西元1697年

　　如何釀造公雞麥芽啤酒。取九加侖的麥芽啤酒，讓它發酵，當它發酵完成之後，備妥四磅的葡萄乾，去籽，並在研缽中搗碎、兩顆肉荳蔻、和同等份量的荳蔻香料細粉；再取兩隻公雞……取出牠們的骨頭，在研缽中搗碎，（在你放入所有碎葡萄乾碎和香料之前）將之放入啤酒容器中，接著將它們緊緊密封，靜置兩週。當你裝瓶時，在每一瓶啤酒當中，都放入兩、三小片的檸檬皮，和等量的蜜糖生薑根，以及一塊糖，密封，再靜置兩、三個星期，便能飲用。這啤酒非常爽口，也不怕飲用過量。

《知識新書》（*A New Book of Knowledge*）

有時候，你不確定自己究竟需要一杯麥芽酒，
還是一碗熱騰騰的雞湯。
在這種時刻，
公雞麥芽啤酒能夠讓你忘卻悲傷，並治癒你的飲酒過量。

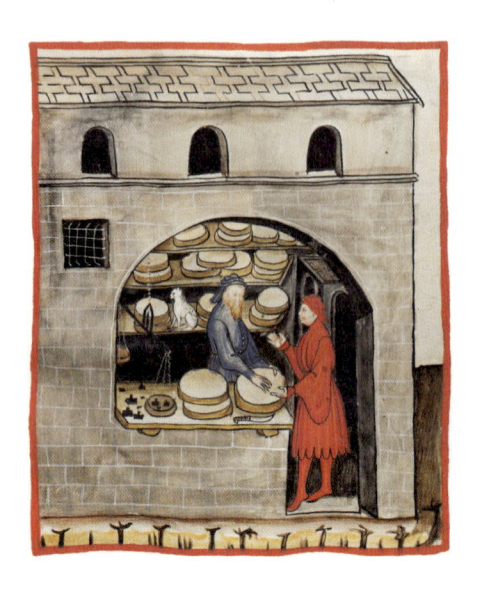

如何製作通心粉和起司

約西元1390年

通心粉。將麵糰桿成一張大薄片,切成一塊一塊,再將它們放入沸騰的滾水中,直至煮熟。取一塊起司,磨成粉末,與融化的奶油,一起鋪在上下兩層……,即可享用。

《烹飪表現形式》(*The Forme of Cury*)

週間夜晚需要一道孩子真的愛吃的速成晚餐嗎?
這道中世紀通心粉真的很簡易哦。

參見:如何製作起司歐姆蛋,約西元1393年,頁149。

如何治相思病

十一世紀

幫助性好漁色之徒,讓他們不要陷入過度執著最適當的方法:給他們溫和又芳香的酒,聽音樂,與最親密的朋友交談,詩歌朗誦,觀看明亮、香氣撲鼻、豐饒、又有清澈流水的花園,和美麗的女士或男士一同散步或消遣。

非洲康斯坦丁(Constantinus Africanus)
《旅人醫書》(*Viaticum*)

☞

想要從分手的惡劣情緒復原嗎?喝一點酒,打電話給你最好的朋友,認識一些新的正妹或帥哥,一起去玩。

188　餐桌上的中世紀冷笑話

如何治療眼疾
西元1673年

取大量的蟋蟀,通常出沒在烘烤房,將牠們搗碎,用力榨出汁液來,滴一滴到眼睛當中,每日三次,即使病人過去是盲人,也能夠恢復視力。將耳垢放進眼睛裡也是個極有效的方法。鵝翅膀的大骨取出的油也有同樣的功效。將一隻公雞的膽,混合等量的蜂蜜,以此塗抹在眼睛上,能使視力清楚。野兔的膽,和鰻魚的膽也非常有效。

威廉・瑟門(William Sermon)
《疾病神奇療法》(A Friend to the Sick)

誰知道呢?擦上一大塊的耳垢,失明者就能重見光明了!

如何在盛宴中來一道活鳥上菜

約西元1450年

找一隻雞或任何其它你想要的鳥類,拔掉雞毛,並以熱水洗淨。然後取兩、三顆雞蛋蛋黃,將之與番紅花粉和小麥麵粉一同攪拌,再用油湯、或是烤肉滴到鍋中的油脂調製顏色。利用一根羽毛,沾上這個混合料,精心為你的小母雞塗抹上光滑的表層,使其顏色看起來像烤肉一般。完成之後,在即將端上桌之前,把雞頭放在牠的翅膀之下,並把牠放到你手中,不斷地旋轉,直到牠沉睡不動為止。然後將牠固定在大淺盤中,與其它的烤肉擺放在一起。在牠即將被分解之時,牠會甦醒過來,逃離餐桌,打翻水壺、酒杯諸如此類的東西。

《中世紀法國食譜精選集》(*The Vivendier*)

你的聖誕節火雞大餐程序變得越來越無趣了嗎?
今年,不需要烤火雞了——只要拔雞毛、上色、催眠、然後上菜。
還有,可能再也不會有人要到你家吃飯了。雙贏!

Ask the Past 191

如何使烤雞發出雞啼聲
約西元1450年

　　如何使一隻烤好的死雞,無論是在烤肉架上或大淺盤中,發出雞啼聲。把雞脖子一端綁緊固定,用水銀和硫磺粉填充,直到大約半滿為止;然後將另一端綁起來,但不能綁太緊。當你想讓牠發出雞啼聲時,在雞脖子或雞身上加熱。當牠夠熱,內部混合物溫度升高之際,會造成空氣亂竄,而發出雞啼的聲音。同樣的手法也可以用在小鵝、小豬仔、和任何其它的鳥類身上。如果啼叫聲不夠響亮的話,將兩端綁得更緊密一些。

《中世紀法國食譜精選集》(*The Vivendier*)

👉

「活鳥上菜」的同一個天才:下一道菜將為你的盛宴提供配樂!少了有毒的水銀餡料,哪稱得上是什麼盛宴呢?

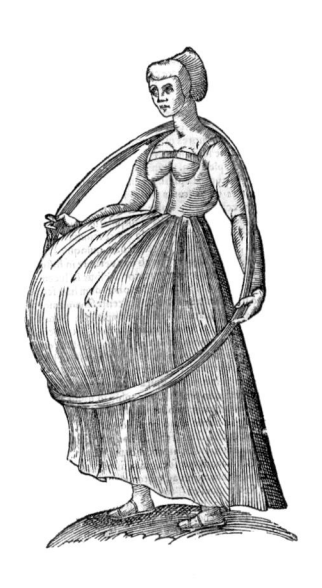

如何判定自己是否懷孕

西元1685年

想要知道女人是否懷孕,取她的尿液,將之裝在一個銅罐中,再放入一塊銼得發亮的鐵,放置一整夜:如果她懷孕了,你將會看到紅色的斑點;如果沒有,鐵會變黑和生鏽。

《藝術與自然的現代趣聞》
(*Modern Curiosities of Art and Nature*)

十七世紀:男人像個男人,女人也很堅韌的年代,
家庭妊娠試驗需要運用到冶金的技能。

參見:如何生出漂亮的小孩,西元1697年,頁116。

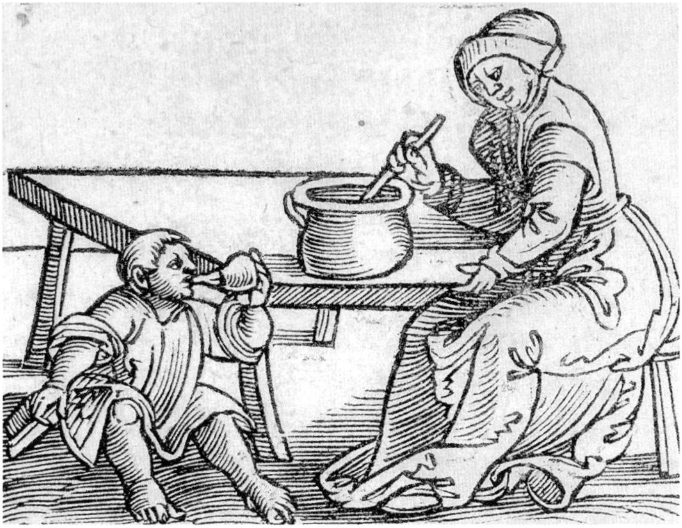

如何餵小孩吃飯

西元1692年

至於小孩的正餐,我認為最好的方式是,如果能夠,盡量避免每一個小時固定餵食一次。因為,小孩子如果習慣了固定的飲食時間,他的肚子在習慣的時間會想到食物,如果錯過了,他會變得暴躁易怒⋯⋯。因此,我不會讓他的早餐,午餐,晚餐的時間固定,而是幾乎每天都會有變化。在我稱之為正餐的這段期間,只要他想吃東西的話,不妨盡量讓他吃新鮮的乾麵包。如果有人覺得這樣太辛苦,想讓孩子少吃一餐,他們應該要知道,孩子絕不會餓死,也不會因缺乏營養而縮小。他們除了正餐時的肉類、或其它食物,在晚飯時,只要他有胃口,或許可以經常提供新鮮的麵包和啤酒。

約翰・洛克(John Locke)*
《教育漫話》(*Some Thoughts Concerning Education*)

自由主義之父的育兒建議:想要正確地養育你的孩子,你需要:(1)乾麵包,(2)大量的啤酒,(3)驚喜的元素。

參見:如何幫幼童伺酒,約西元1450年,頁122。

---

* 英國哲學家。主張政府只有在取得被統治者的同意,並保障其擁有生命、自由、財產等自然權利時,其統治才有正當性。其思想對後代政治哲學的發展影響深遠,被譽為西方自由主義之父。

196　餐桌上的中世紀冷笑話

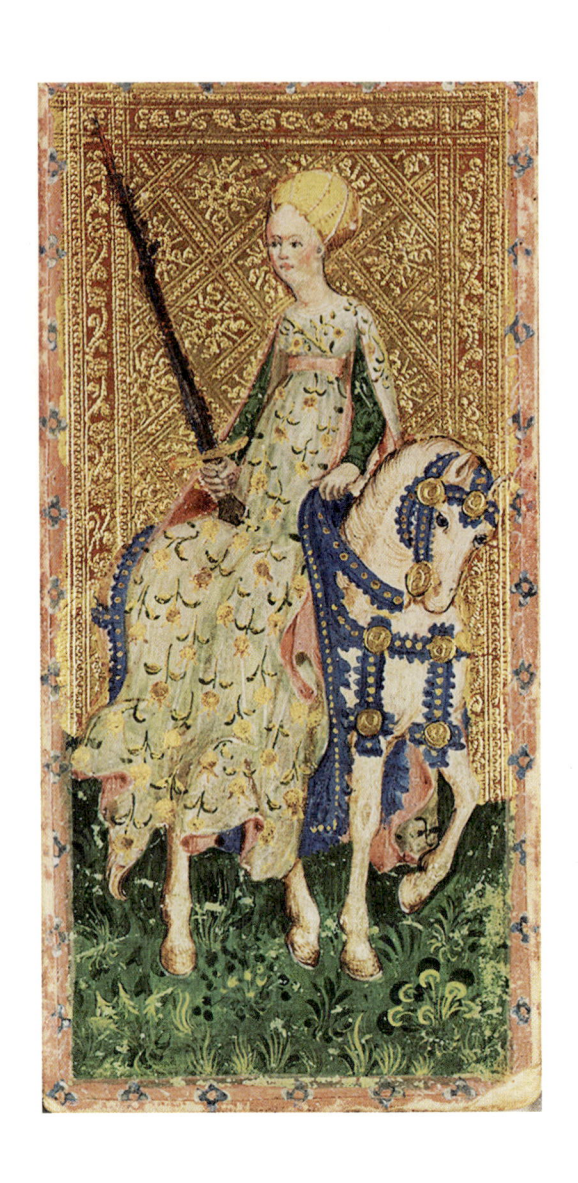

如何扮好男爵夫人的角色
西元1404年

男爵夫人必須具備有廣泛的知識,能夠理解一切事物……。此外,她必須具備男人的勇氣。這意味著,在她的成長過程中,不應該過於和女性相處,也不應該沉溺於女性的嬌生慣養……。她必須以智慧約束自己的行為,成為大家敬畏又喜愛的對象……。她必須是一位優秀的演說家,適時地展現驕傲,小心避免輕蔑、乖戾、或叛逆,對她那些忠誠恭順的臣民展現溫柔寬厚、和謙虛……。任何人提及她時,都不會說她行事專斷。再次強調,她應該具備男人的精神,必須知道用兵之道、以及與戰爭相關的一切事物,有必要時,甚至能夠指揮自己的部屬。

克莉斯汀・德皮桑(Christine de Pizan)
《貴族仕女寶典》(*Le trésor de la cité des dames*)

👉

男爵夫人:這種生物具有男人的勇氣、女人的智慧,還有天使般了不起的簡歷。

如何打贏官司

約西元1260年

如果有人身上帶著狼的牙齒、皮膚和眼睛,且有律師的話,他將在法庭上取得勝利,而且他將是各國的有錢人。

艾伯特・麥格努斯(Albertus Magnus)
《論動物》(De animalibus)

☞

一個聰明的人生格言:隨身攜帶狼牙,而且總是聘請律師。

如何預防喝醉酒

西元1653年

如何預防喝醉酒。先喝一大口的沙拉油,因為它會浮在你喝的酒之上,並且抑制酒精上升到大腦。此外,無論份量多寡,先喝下新鮮的牛奶,之後,你或許可以喝下三倍多的酒,卻不會有喝醉的風險。但是,這種預防醉酒的方式會讓你多麼噁心,我在此無法確定。

修・佩拉特(Hugh Plat)
《藝術與自然的寶屋》(*The Jewel House of Art and Nature*)

👉

萬無一失的預防酒醉混合配方:三等份的酒,一等份的牛奶,加上少許的沙拉油。搖勻,立即重新考慮!

參見:如何解酒,西元1612年,頁40。

Ask the Past

如何治頭痛
西元1561年

一個很有效的治頭痛方法。在頭頂上放一個裝滿水的錫盤或大盤子,期間,再加入一盎司半至兩盎司的熔鉛。要不然製作馬鞭草花環,並日夜戴著它,具有神奇的功效。

希爾尼瑪斯・本茨威格（Hieronymus Brunschwig）
《家庭醫藥護理大全》
（*A Most Excellent and Perfecte Homish Apothecarye*）

☞

大部分頭痛偏方的問題是,它們都不夠像表演藝術。
在你的頭頂上熔化金屬、用草藥裝飾,那才是真正神奇的經歷啊!

參見:如何消除頭痛,九世紀,頁53。

如何入眠

西元1474年

睡覺時應先側臥右邊,再側臥左邊,這樣是比較好的。任何健康的人,都不應該仰躺,這會導致許多嚴重的疾病,因為在床上仰躺,會使身上的體液偏離其正常的軌道,可能會影響到大腦、神經和腎臟⋯⋯。尤其在夜間入眠的時候,我們必須避開月亮,因為它會激起寒氣,並引發多種的粘膜炎,特別是當寒冷、具濕氣的月光照射在睡眠者頭部時。

巴托羅梅歐・帕提那(Bartolomeo Platina)
《健康愉悅的美食理論》(De honesta voluptate et valetudine)

這種睡眠編排有些繁瑣,
但是,你避免了腦部感染時,可得要感謝帕提那。

參見:如何治失眠,西元1597年,頁98。

如何保護嬰兒

西元1697年

必須要特別小心,不要讓孩子被嚇到,也絕對不要把小孩單獨留在家裡,以免他們受傷,不管是有毒的生物、或是一些其它外傷,這些他們都無力抵抗,大家都知道像蠍子、蛇這一類的生物,曾經悄悄爬入小孩口中,或是使他們受傷。還有貓也會趴在孩子身上,造成他們窒息。

約翰‧派奇(John Pechey)
《嬰幼兒疾病總論》
(A General Treatise of the Diseases of Infants and Children)

你好,新手父母!十七世紀想提醒大家,蠍子、蛇、和發狂的家貓,都在等著機會跳進那張嬰兒床呢!祝你好運,安心睡覺吧!

參見:如何培養你的小孩,十二世紀,頁77。

如何在跳舞時展現優雅神態

西元1538年

當你在跳舞時,始終保持心甘情願的笑臉,拜託,老兄,臉上表情愉快一點兒。有些男人,當他們跳舞時,總是看起來像是在哭泣、又好像是便祕似的。

安東尼奧・艾瑞納(Antonius Arena)
《跳舞準則》(*Leges dansandi*)

聽好,我們大家都有各自的問題,
但是,請盡量不要把你的煩惱帶進舞池,
尤其是牽涉到排便私事時。

如何婉拒主子的老婆

約西元1200年

如果你主子的老婆經常將目光投射在你身上,不知羞恥地覬覦著你,讓你知道她想和你上床;如果她對你說道:「整棟房子都是你的,我的主人丈夫也將永遠臣服於你,唯有你將成為我的愛,你會統治一切,主人所有的一切都是屬於你的。」聽我說,孩子啊,把我勸告你的話牢記在心裡。兩害相權取其輕,最好的策略就是假裝生病,偽裝痛苦,明智又審慎地離開。

貝克爾斯的丹尼爾(Daniel of Beccles)
《文明人之書》(*Urbanus magnus*)

接受中世紀的諫言:你可以藉口說你喝到壞掉的濃湯,或是在野豬狩獵時背部拉傷了。

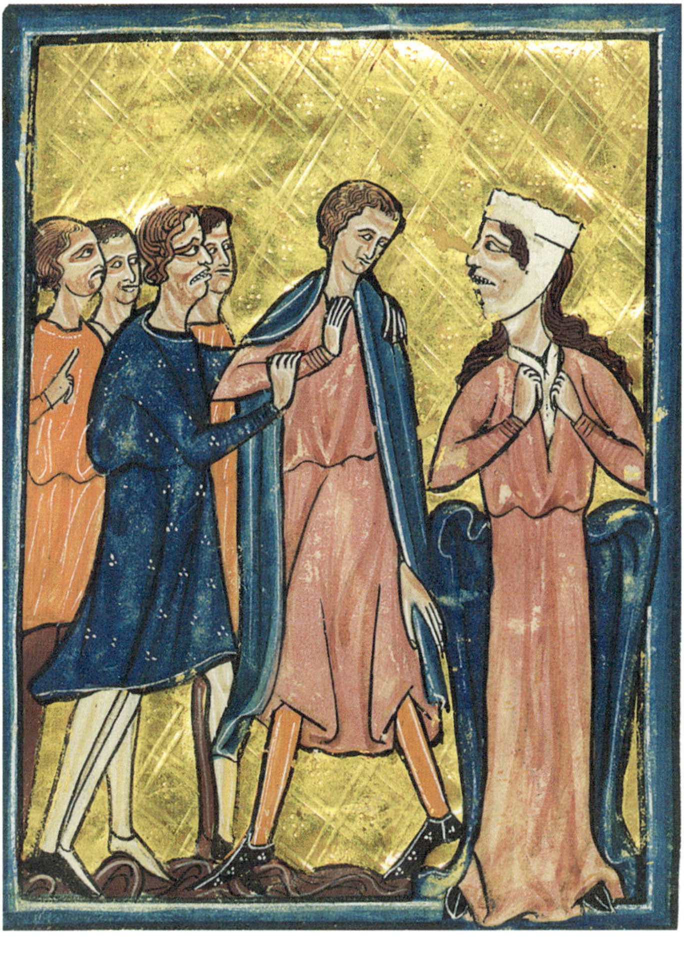

如何製作聖誕節派餅

西元1774年

如何製作約克郡的聖誕節派餅。首先製作一張完美的派餅皮，周圍和底部都要非常的厚。將火雞、鵝、鳥、鷓鴣和鴿子全部去骨，妥善調味，取半盎司的荳蔻香料、半盎司的肉荳蔻、四分之一盎司的丁香、和半盎司的黑胡椒，全部搗碎，再加上兩大匙的鹽，混合在一起拌勻。將所有家禽從背部切開，去骨；先處理鴿子，再處理鷓鴣，將牠們覆蓋著。再來是鳥、鵝、然後是火雞，一定要大隻的；將牠們全部都先調味好，然後鋪放在派皮之上，讓牠們看起來就像是一整隻的大火雞。然後準備一隻野兔，剝好皮，用乾淨的布擦拭，再將牠切成大塊，調味之後，將牠擺在派皮的其中一邊；而另一邊擺放山鷸、紅松雞、或是任何你能夠取得的野禽，將之妥善調味，然後緊密鋪在派皮上；加入至少四磅的奶油在派餅中，然後放上鍋蓋，必須是很厚的鍋蓋，讓它慢慢烘烤。烤爐一定要非常高溫，烘烤時間至少需要四個小時。

漢娜・葛拉斯（Hannah Glasse）
《烹飪的藝術》（*The Art of Cookery*）

沒有什麼假期大餐比準備聖誕節派餅更有效率了。你也許可以再加幾個「跳躍的貴族」*進去，若你手邊正好有一些的話。

* 典故出自經典聖誕歌曲《聖誕節的十二天》(The Twelve Days of Christmas)的其中一句歌詞:「在聖誕節的第十天,我的真愛送給我十個跳躍的貴族。」

如何保持雙手溫暖

西元1579年

任何人在自己的手腳抹狼的油脂,手腳塗抹之處都不會受到寒冷侵害。

湯瑪士・洛普敦(Thomas Lupton)
《一千件值得注意之事》(*A Thousand Notable Things*)

☞

連指手套或是狼油脂,你自己選擇吧。

如何治頭腦阻塞
西元1596年

有一種藥,能夠治鼻子和頭腦因感冒所造成的阻塞。取大量的櫻草汁*,用羽毛管將之吹進患者的鼻子裡,之後讓他保持溫暖,便能夠使他的頭腦和鼻子暢通。

A. T.
《疾病百科》
(*A Rich Store-House or Treasury for the Diseased*)

👉

當你把羽毛管插進病人鼻子,又把櫻草汁用力吹進他的鼻腔時,他可能會感到驚恐不已,但他到頭來還是會感謝你的。

---

* 櫻草(Primrose),又名「報春花」,在歐洲普遍被用於治療咳嗽、頭痛、流感、支氣管炎等疾病。

Ask the Past

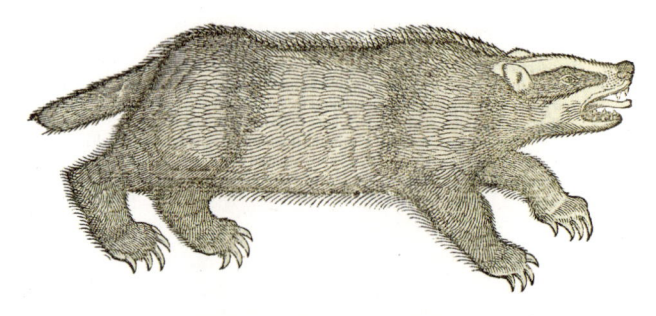

如何改善記憶力
西元1563年

　　如何擁有良好的記憶力。取獾的一顆牙齒或是牠的左腿……，將之綁在你的右臂接近身體的地方。也可以取鷓鴣的膽汁，用來摩擦你的太陽穴，它可能會滲到你的皮膚和肉體中，一個月一次，如此，你便會擁有良好的記憶力。

阿列修・皮蒙特西（Alessio Piemontese）
《皮蒙特亞歷克斯大師的祕方——第二部》
（The Second Part of the Secretes of Maister Alexis of Piemont）

這有點像浮士德式的交易*，不是嗎？
你的記憶力獲得改善，要付出的代價是：
得用獾身上的部位和鷓鴣的膽汁來妝點自己。
嗯，至少別人一定會記住你！

＊ 浮士德，歐洲中世紀傳說中的著名人物，為了追求知識與權力，向魔鬼作出交易，出賣自己的靈魂。

如何圓滿達成出差任務
西元1528年

科西莫・德・麥地奇（Cosimo de' Medici）*有一位朋友很有錢、卻沒什麼學識，他透過科西莫得到一項出使佛羅倫斯的任務。這位朋友在臨行之前，請教科西莫該如何圓滿達成任務，科西莫回道：「穿著粉紅色的服裝，少開口說話」。

巴爾達薩雷・卡斯蒂利奧尼（Baldesar Castiglione）
《廷臣論》（*Il libro del cortegiano*）

計劃到米蘭去出差嗎？聽從科西莫的諫言：
閉上你的嘴，讓你的粉紅色西裝為你代言。

---

* 文藝復興時期佛羅倫斯著名的大商人。

Ask the Past 211

如何親吻
西元1777年

　　有些作家說，除非同時得到對方回應，否則算不上是親吻，或充其量只算完成一半……。親吻的意義取決於當下的情境、熱切的程度、親吻的部位、時間、以及其他細節，毋須一一舉例。但是，所有的親吻方式當中，「斑鳩之吻」*是最激昂有力的，卻很少使用，因為所處情境往往無法隨心所欲啊！

《愛情字典，含註釋》（*A Dictionary of Love, With Notes*）

☞

如果你想知道對方是否深愛你的話，
記得一定要注意熱切的程度、時間和……部位。

---

* 斑鳩之吻（turtle-billing），即法式接吻，以斑鳩交頸來形容接吻時的動作。

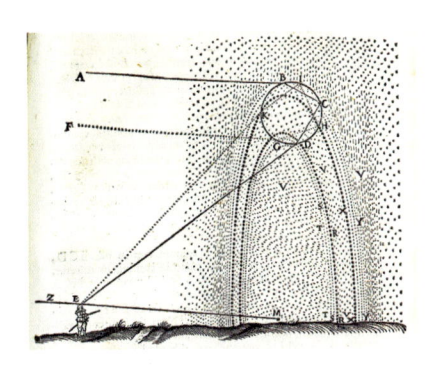

如何製造彩虹
西元1633年

彩虹是世界上令人讚歎的一種景象，往往使人目眩神移，從雲端中看著它豐富的色彩混合，有如燦爛的繁星、珍貴的寶石、和最美麗的鮮花裝飾……。我要告訴你，如何以一個精彩又簡單的實驗，在自家門前製造彩虹。嘴巴汲取一些水，背對著陽光，而臉部面向陰暗處，將含在嘴裡的水噴出，它可能會噴灑出小水珠和蒸氣：你將看到這些原子蒸氣在太陽光束中變成一道美麗的彩虹，但是很可惜的是，它並不會持續太久，很快就會消失不見。

韓德里克・凡埃騰（Hendrik van Etten）
《趣味數學》（*Mathematicall Recreations*）

你不知道自己體內也有美麗的彩虹吧？
豐富的色彩混合能夠使男人目眩神移的那種？
只要確保你從嘴裡噴出彩虹時，對方沒有正好站在你面前！

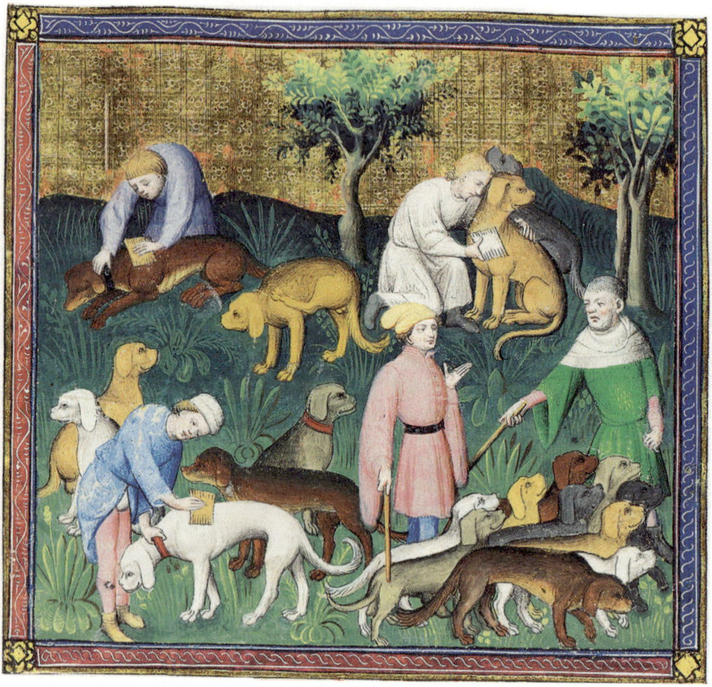

如何照顧你的狗

約西元1393年

下班回到家之後,勤奮一點,你本人或是先回到家的另一半,要把狗餵好,並且,在盆裡裝好新鮮乾淨的水給狗兒喝。接下來讓牠們上床睡覺,將舒服的稻草放在暖和的地方,如果牠們又濕又渾身泥濘的話,將之安置在火爐前。如果你這麼做,牠們就不會糾纏餐桌或餐具櫃邊的人,也不會鑽進床舖。如果你沒有照顧好牠們的需求,你要知道,牠們認真工作之後肚子會餓,就會在桌子底下四處搜尋,或是從餐具櫃或廚房抓一塊肉來吃。牠們會互相攻擊、搗亂,以滿足其需求。如此一來,牠們會把自己搞得精疲力盡,完全沒有休息,也因此繼續乞求、行為頑劣。這是你的錯,不是狗兒的錯。

《持家指南》(*Le Ménagier de Paris*)

潮濕,渾身都是泥巴的狗又在你的床上了嗎?是誰的錯?

如何處理書籍

西元1345年

　　首先,關於將書翻開和闔上的部分,必須要溫和適切地處理,千萬不要魯莽匆促地將書翻開,書看完之後,也要將書完全闔上,再收藏好。我們必須小心守護一本書,比照顧一雙靴子更加謹慎。

　　而這一類的學童常常會被負面評價,除非受到長輩的規則約束,他們會放縱於無止境的幼稚行為……。你可能會碰巧看到某個任性的小伙子,懶洋洋地混在書房當中,正當外面天寒地凍之際,刺骨的冷意使他鼻水直流,他也不會想到得用手絹擦拭,而是放任骯髒的鼻水將眼前的書沾濕……。他也不怕在打開的書本面前吃水果或乳酪,或是漫不經心地舉起杯子喝東西……。

　　有些不知分寸的年輕人處理書籍的方式,尤其要特別禁止,一旦他們學會如何寫字,只要一有機會,就會立刻變成不滿的批評者,書上有任何空白之處,就會寫滿尖酸可怕的字眼,或是只要腦中浮現任何恣意的言論,立刻就會振筆疾書。

貝瑞理查(Richard of Bury)
《愛書》(*Philobiblon*)

　　讀者你好!在這寒冷的季節,請記住,你的書可不是面紙哦。
此外,中世紀的手稿和起司也不是絕佳的組合。

如何對你的女人甜言蜜語

西元1656年

　　戀人指南：教導他們如何對自己的心上人表現自我。接近她們與之攀談時，千萬不要只是聳聳肩，好像你很討人厭似的，而要稱呼「女士」、「最美麗的女士」、或「舉世無雙的女士」。也絕對不要讓你的話隨便說出口，冒出滿嘴的誓言，如「我愛妳」……。但是，你必須以精彩又溫柔的話語，傳遞你的真情：讚美心上人的眼睛、嘴唇、下巴、鼻子、脖子、臉頰、雙手、雙腳、雙腿、她的「排泄物」、讚美她所有的一切。

《愛神邱比特之傑作》（*Cupids Master-piece*）

☞

　　選擇幾句恭維的話，那位舉世無雙的小姐將會屬於你。
　　但要小心十七世紀的拼寫：
　　你是要讚美她的腰（waist），可不是她的排泄物（waste）哦。

如何種甜瓜

西元1691年

當你的瓜開始成熟時，你千萬不要以為造訪你的甜瓜園一天至少四次算太多，免得它們錯過最精華的時期，失去其誘人滋味，而變得瘦長與過熟。

尼可拉斯 · 迪布內丰斯（Nicolas de Bonnefons）
《法國園藝手冊》（*The French Gardiner*）

甜瓜農民照顧自己的作物，必須像美洲獅跟蹤獵物似的，守候在陰影處等待猛撲的絕佳機會。

如何懷孕

西元1671年

雄性鵪鶉的心臟天生與男人有關,而雌性鵪鶉的心臟與女人有關,可以促進懷孕機會、並讓夫妻之間產生愛情……。

威廉・瑟門(William Sermon)
《仕女指南》(*The Ladies Companion*)

還有什麼能夠比「他」和「她」的鵪鶉心更甜蜜的呢?
它們就像鵪鶉戀人配對紀念品盒!

參見:如何判定自己是否懷孕,西元1685年,頁193。

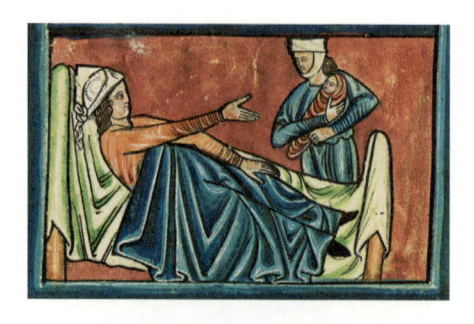

如何照顧新生兒
西元1256年

　　女人生產完之後,應該要知道如何照顧新生兒。要知道,小嬰兒一出生之後,應該要用碎玫瑰花混合細鹽包覆著……。家裡任何成員想要抱〔小寶寶〕時,應該要輕輕地躺下、調整好位置,以便給寶寶一個舒適的姿勢,對一個聰明的保姆來說,這很容易辦到。蠟在軟的時候可以隨心所欲塑造成任何形狀,小嬰兒也一樣,會因保姆的照顧方式而定型。基於這個原因,你應該知道,小孩的美醜極大程度都是保姆造成的。而當嬰兒手臂被包裹著、雙手在膝蓋上、頭部輕輕覆蓋保護好之後,就讓他在搖籃裡睡吧。

阿爾杜布蘭迪諾(Aldobrandino of Siena)
《身體飲食》(Le régime du corps)

☞

照顧新生兒有點像保存火腿一樣。
只要加點鹽和一些芳香植物、妥善安排、等待他熟成就行了。

參見:如何幫嬰兒洗澡,西元1744年,頁232。

如何製作乾麵條
西元1570年

將兩磅的麵粉、三顆雞蛋和溫水混合成麵糰，在桌上揉好之後靜置一刻鐘。用桿麵棍將它桿平，等這一張麵糰薄片稍微乾一點，再用切割輪修剪掉不規則的邊緣。薄片變乾之後（切記也不能太乾，否則會造成龜裂），再用篩子撒一些麵粉在上面，以避免沾黏。接著再拿桿麵棍，從一端開始，讓整張麵皮鬆散地包住整個桿麵棍，抽出桿麵棍之後，將捲好的麵皮用一把寬且薄的刀子斜切。切好之後，再將之展開。等它們稍微乾一點之後，將多餘的麵粉過篩。用肥肉油湯、牛奶或奶油，將之一同製成湯。煮好之後，趁熱搭配起司、糖和肉桂食用。如果你想用它們來烤千層麵的話，將麵糰薄片切割成像桿麵棍的長度，同樣的，再縱向將其劃分為二，將之切成正方形。與野兔、鶴，或其它肉類熬成的湯，或是和牛奶一起煮。趁熱搭配起司、糖和肉桂食用。

巴托洛梅奧·史加皮（Bartolomeo Scappi）
《中世紀烹飪大師廚藝大全》（*Opera*）

當你家廚房啥都沒有，
只剩麵粉、雞蛋、和一罐陳舊的鶴肉湯時，
晚餐煮這個最適合了。

如何從舞會中脫身

約西元1200年

在你準備離開之際,讓你的馬兒候在門外;
不要在大廳裡騎上馬,除非主人要你這麼做。

貝克爾斯的丹尼爾(Daniel of Beccles)
《文明人之書》(*Urbanus magnus*)

👉

了解如何退場是很不錯的,但是人在室內跳躍上馬,
不管怎麼說,都有點太戲劇化了吧!

如何修眉

西元1563年

取一隻公山羊或一隻母山羊的膽汁,又以公山羊為佳,立刻將之塗抹在你的眉毛上,眉毛就會即刻掉落。

阿列修・皮蒙特西(Alessio Piemontese)
《皮蒙特亞歷克斯大師的祕方——第二部》
(*The Second Part of the Secretes of Maister Alexis of Piemont*)

☞

既然有山羊酵素,何必辛苦動手或用蠟拔除你的眉毛呢?
不過要記得跟你的美容師說,要上等的公山羊膽汁哦。

224　餐桌上的中世紀冷笑話

如何穿軟木高底鞋

西元1600年

　　為了走路姿態優雅，將軟木高底鞋正確地穿在腳下，致使走路時不會扭傷，或歪斜（因為，如果一個人不知道正確的穿法，很可能會弄壞鞋子，或屢屢跌倒，如同在聚會中和教堂裡常見的景象）。〔女士〕在跨出第一步時，最好要先抬高那隻腳的趾頭，如此一來，她伸展了那隻腳的膝蓋，而此伸展使她的身體直挺、具吸引力，除此之外，她的高底鞋也不會從腳上脫落。還有，藉由抬高腳趾頭，她避免了拖行〔於地面上〕，也不會發出任何令人討厭的聲響。接著，這隻腳放下之後，抬起另一隻腳時重複同樣的動作⋯⋯。透過這種走路方式，就算女士的高底鞋超過一掌半的高度，她看起也會像是穿了只有三指寬高度的鞋子，同時也能在舞會上輕快地飛舞、變化舞步，如同我今日展現給眾人所見的一樣。

法畢修・卡羅素（Fabritio Caroso）
《貴族仕女》（*Nobilità di dame*）

穿著枯燥的平底鞋，還是甘冒跌倒的風險穿著性感的高跟鞋？
都不必！只要按照這些步驟，
你就可以高人「一掌半」以上，在人群之中穿梭自如。

如何治放屁
西元1685年

對抗腹腔中的氣體。將一尾活生生的丁鱥魚放在患者肚臍,使其頭部向上面對胃部;並用餐巾紙將牠捆緊;放置二十四小時,直到魚死了為止;接著再將牠埋在糞堆中,你會發現腸胃脹氣消失不見了。

尼可拉斯・拉梅利(Nicolas Lemery)
《藝術與自然的現代趣聞》
(Modern Curiosities of Art & Nature)

如果有人問你,為什麼要在肚子上綁一條垂死的魚,
只要告訴他們,這是用來解決你的排氣問題。
我保證他們不會再來煩你。

參見:如何放屁,西元1530年,頁32。

如何製作蝸牛麵包
西元1685年

這種麵包，只要一口就能夠讓人維持八天，不用吃任何其它的東西。取大量的蝸牛，去除牠們的黏性；把牠們風乾之後，再磨成細粉，以此製成一條麵包，只要吃了一口，或許就能讓人八天不需要進食了。

尼可拉斯・拉梅利（Nicolas Lemery）
《藝術與自然的現代趣聞》
（*Modern Curiosities of Art & Nature*）

吃了一口這種特製的麵包，會讓你連續八天，
只要一想到吃東西就覺得噁心！
唯一的問題是：要學習如何讓蝸牛去除黏性，
這你可得要諮詢不同的指南了。

228　饕餮桌上的中世紀冷笑話

如何調整你的姿態
西元1484年

年輕姑娘不應該輕率地左顧右盼。姑娘們，不要像烏龜或鶴一樣，把自己的頭臉伸出，一顆頭轉來轉去，像一個風向計似的。反之，要讓自己堅定不動，像野兔一樣，這種動物總是盯著前方看，而不會轉頭四處觀望。始終直視妳的正前方，如果妳必須望向某一邊時，不妨讓臉和身體一起轉向，讓自己看起來堅定又自信，因為那些輕浮地左顧右盼、四處張望的人，往往會受人恥笑。

傑弗瑞‧德拉圖爾蘭德里（Geoffrey de la Tour Landry）
《高塔騎士之書》（*The Book of the Knight of the Tower*）

> 整個轉身，而不是只有轉頭而已，會讓人有一種印象：
> 你若不是值得信賴的人，就是正遭受頸部拉傷之苦。

如何使用培根肉

約西元530年

　　至於生培根肉，我聽說過，這是法蘭克人習慣吃的……。因為這種食物，使他們比其他人更健壯。且讓我舉一個很好的實例，來證明我所寫的所言不虛：厚的培根肉，長時間敷在各種傷口上，無論是外傷，或是毆打所造成的傷口，既能清潔任何化膿之處，又能輔助治療。看看生培根肉所具備的強大力量，就會明白法蘭克人如何醫治醫生嘗試用藥物或藥劑治療的傷口。

　　　　安提姆斯（Anthimus）
　　《食品遵守法則》（*De obseruatione ciborum*）

☞

　　　培根肉OK繃：可以讓你甭費事跑一趟急診室。

如何快速調出雞尾酒
西元1658年

旅行者無法在酒館裡享用啤酒或麥酒時,如何自行釀造立即可用飲料。取一夸脫乾淨的水,加入五、六大勺純正的開胃烈酒、一盎司的糖、和一束迷迭香,醞釀好一會兒,再從一壺倒至另一壺,然後即可飲用了。

約翰・懷特(John White)
《煙火藝術創作指南》(*A Rich Cabinet*)

旅行時只要隨身帶著一些糖漿、威士忌、和迷迭香,
混合搖一搖,就可以讓酒店老闆倒人胃口的啤酒滾一邊去。

如何幫嬰兒洗澡

西元1744年

將嬰兒帶到火爐邊,遵照下列的方式清潔:取大約一品脫的葡萄酒(或者,如果家境普通的人,可以用相等份量的啤酒),當中溶入一點新鮮的奶油,微溫時用亞麻布或海綿沾溼,清洗小嬰兒全身,從頭部開始⋯⋯。洗完頭之後,為他戴上一頂羊毛帽,防止他感冒。接著清洗身體的其它部位。全部洗好之後,用一塊乾淨柔軟的布,幫他全身擦乾,再用嬰兒布包覆。全身包妥、穿好衣服之後,就可讓他睡覺了。不要讓小嬰兒仰躺,而要側臥,如此嘴巴裡的口水或液體,才容易流出。有時候,你也可以給他喝一點加了細砂糖的酒。

《保姆指導手冊》(*The Nurse's Guide*)

☞

幫你的新生兒洗澡,你將需要:酒、奶油和糖。
當你幫寶寶洗完澡,把他安頓好準備睡覺之後,
你可以用沐浴所剩之物來提振自己的精神。

參見:如何換尿布,西元1612年,頁135。

如何清醒或入眠
西元1685年

要使一個人清醒或入眠,你必須趁蟾蜍活著的時候,即刻巧妙地砍下牠的頭,將之曬乾,注意觀察牠的一隻眼睛閉上,另一隻眼睛睜開,睜開的眼睛會使人清醒,而閉合的眼睛則使人入眠,隨身攜帶。

尼可拉斯・拉梅利(Nicolas Lemery)
《藝術與自然的現代趣聞》
(Modern Curiosities of Art & Nature)

有一隻乾巴巴的眨眼蟾蜍頭,
誰還需要咖啡因或好立克(Horlicks)*呢?

---

* 發源自英國,以麥芽做成的熱飲,有助於睡眠。

如何預測壞天氣

約西元1470年

當你看到一隻貓坐在窗邊,沐浴在陽光之下,舔牠的背後,又用腿揉耳朵,那一天一定會下雨。

《女性的福音》(*Les Evangiles des Quenouilles*)

👉

好消息是,這種天氣預測技術只需要你的貓就行了。
壞消息是,肯定是幾乎天天都會下雨。

如何安排求愛行程

西元1707年

　　所有的醫生都同意，人不應該在禁食之際親吻，因為任何人在飢餓的時候都不應該工作。工作會消耗、枯竭我們的精神，而性愛也會使人完全氣力衰弱。反之，我們應該在肚皮適度填飽之後才互相擁抱（一如有些人的作法）。在這個時刻，我們會感到一股奇妙的慾望，這是食物發揮作用，所引發的性慾和精神。在此之後，我們或許可以透過睡眠重新恢復元氣，對於那種疲倦感，休息是唯一的補救方法。

尼可拉斯・維納特（Nicolas Venette）
《十八世紀性愛之謎》
（The Mysteries of Conjugal Love Reveal'd）

☞

你知道吃完小點心之後，自己體驗到的那種奇妙渴望？
好消息：這正是醫生的指示。

參見：如何避免懷孕，十二世紀，頁50。

如何安撫長牙的嬰兒

約西元1450年

有時候寶寶長牙會很不舒服。在這種情況下,你應該用手指按壓牙床,輕輕地按摩。還有上顎也是。你也應該在寶寶牙齦上塗抹野兔的大腦(非常適合緩解不舒服的症狀),或者是用脂肪、奶油、或優質橄欖油。每天應該塗抹兩次。狗的乳汁也是很適合的。還有,用母雞的脂肪塗抹並按摩牙床,也具有不錯的功效。

米開羅・薩瓦納羅拉(Michele Savonarola)
《孕婦飲食調理》(*Ad mulieres ferrarienses*)

☞

長牙的麻煩?沒問題——只要在寶寶的嘴裡塗抹一些油膩的脂肪即可。
唯一的問題是,
一旦他嚐過野兔大腦的滋味,就再也不會想吃梨子泥了。

如何逃獄
西元1642年

　　鏡片具有燃燒的強大功效，它不僅能夠燒掉木材和其它易燃的物質，也能夠液化鉛、錫、和其它金屬。如同上圖所示，囚犯（A）祕密地讓自己重獲自由，當他將鏡片（B）瞄準指向太陽時，液化了固定牆外鐵條所用的鉛製接合點（C），讓他可以自由地逃脫。

馬力歐・柏塔尼斯（Mario Bettinus）
《數學哲思》（*Apiaria universae philosophiae mathematicae*）

需要從建構不良、卻陽光充足的監獄中脫逃嗎？
手上正好有個巨大的鏡片嗎？一切問題都解決了！

如何像紳士般地穿著內衣
西元1891年

　　內衣,包括汗衫、內褲、和短褲。材質可以是法蘭絨、針織物、或絲綢。白色是最恰當的顏色,因為它純淨、無瑕。像粉紅色、藍色,或黑色這些顏色或許也可以穿。內褲要合身,否則長褲穿起來會有問題……。內衣至少一天要換兩次。穿著晚禮服時總是搭配絲綢內衣。

莫特摩爾・迪拉諾・迪蘭諾（Mortimer Delano de Lannoy）
《十九世紀紳士服儀》（*Simplex Munditiis*）

你可以從晚宴內衣看出一個人是不是紳士:
一定是絲綢、可能是緊身、或粉紅色的。
而且,絕對都非常乾淨。

如何打理你的鼻子

西元1640年

很明顯的,輕忽自己的鼻孔問題是很不健康的。有些人呼吸氣息非常大聲,有時用自己的手擦鼻涕,然後又雙手互相搓揉。有時候,他們也會伸手挖鼻孔,把鼻屎揉成彈丸,甚至在大庭廣眾之下這麼做。也有些人會以同樣的手法,從耳朵掏出耳垢。我們已經觀察到許多人都是如此漫不經心和邋遢。

盧卡斯・葛拉西安・丹提斯科(Lucas Gracián Dantisco)
《西班牙豪俠》(*Galateo espagnol, or, the Spanish Gallant*)

當你能夠忍住不用身體的分泌物來製造雕塑品時,
你將發現自己是真正的紳士。

如何選擇廚師
西元1474年

　　每個人都該有一位訓練有素的廚師,具有好廚藝和豐富經驗,對工作有耐心,也特別喜歡工作表現受人讚賞。他應該缺乏藏汙納垢的本事,知道肉、魚和蔬菜的功用和本質,也知道何時應該烘烤、水煮、或油炸。他也應該夠機警,能夠分辨食物口味太鹹或太淡⋯⋯他不應該太過貪吃或貪婪⋯⋯才不致於做出不恰當的舉動,吃掉主人原本要吃的食物。

巴托羅梅歐・帕提那(Bartolomeo Platina)
《健康愉悅的美食理論》(*De honesta voluptate et valetudine*)

徵求:經驗豐富、既不骯髒、也不貪吃的廚師。

Ask the Past   241

如何預測生活花費

約西元1470年

當你在城鎮或村莊附近看到狼在尋找獵物,你應該知道,這是未來高生活成本的徵象。

《女性的福音》(*Les Evangiles des Quenouilles*)

👉

要是你認為鄰近地區最近一連串狼攻擊的事件會造成房地產價格下跌的話,那你就錯了。

如何瘦身

十二世紀

但是,如果女人很肥胖,看起來像水腫似的,且讓我們混合牛糞和上等的葡萄酒,再將此混合物塗抹在她身上。然後,讓她進入蒸汽浴,直至頸部,這個蒸汽浴的水應該要非常熱,用古老的木材柴火燒的,讓她浸泡在其中,發出大量汗水⋯⋯。而針對肥胖的男人,我們以另一種方式處理。我們會在沙岸邊為他們挖一個坑穴,用上述同樣的方法,在他們身上塗抹混合物,當氣溫非常高的時候,讓他們半身置於坑穴中,用澆灌下來的熱沙子覆蓋,讓他們大量出汗。之後,我們再用上述的蒸汽浴仔細地清洗他們全身。

《女性醫學文選》(*The Trotula*)

👉

你計劃去巴哈馬群島渡假,但覺得全身有點水腫嗎?
沒問題!這種「糞肥包覆法」可以幫助你立刻恢復海灘身材。
如果這還不夠的話,你也可以把自己埋在沙堆中哦。

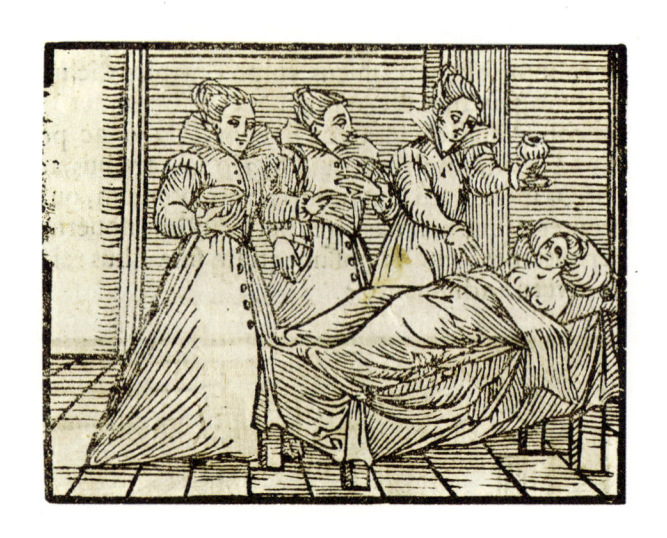

如何治喉嚨痛
西元1685年

取綿羊的小膽,把它們掛在你的脖子,直到冷掉為止;然後再換上其它溫熱的膽,從剛宰殺的羊身上取出來的,持續不斷進行,直到你舒服為止。

尼可拉斯・拉梅利(Nicolas Lemery)
《藝術與自然的現代趣聞》
(*Modern Curiosities of Art & Nature*)

要持續多久才會讓你覺得舒服?只有試試看才知道了。

如何製作草皮長凳

約西元1305年

在草皮和草本植物的高度之間,準備一塊較高的草皮,製成像座椅的樣子,既是造景,也是宜人的設施;在陽光照射之處應該種植一些樹木或藤蔓植物,其樹枝將能夠保護草皮,具遮陽效果,帶來舒適、清涼的陰影。

皮耶洛・迪奎森西(Piero de' Crescenzi)
《中世紀園藝手稿》(*Liber ruralium commodorum*)

☞

何必買草坪家具呢?
你的草坪就可以當家具用了啊!

Ask the Past

如何判斷月亮周期
西元1658年

一般的家貓也有這種特質，由於月亮對牠們的影響力，會使牠們的眉毛每天隨著月亮的週期及其外觀變化而增加或減少，此事他每天看到，因此樂於記下相關的經驗。

約翰・懷特（John White）
《煙火藝術創作指南》（*A Rich Cabinet*）

☞

你的貓對你揚起眉毛的高度與日俱增，
那是因為她不敢相信你這麼容易受騙！

如何預防老鼠偷吃乳酪
西元1581年

如何創造一個食譜,能夠製作出各類老鼠都不會來偷吃或是啃咬的乳酪。黃鼠狼、老鼠、和小老鼠,都相互仇恨對方至極,因此,如果你把黃鼠狼的腦加入凝乳酵素或凝乳果子,再以此來製作奶酪,那麼,不管是大老鼠還是小老鼠,都不會跑來偷吃這塊乳酪了。

湯瑪斯・希爾(Thomas Hill)
《自然工藝合體論》(*Naturall and Artificiall Conclusions*)

有了這麼聰明的食譜,你的奶酪終將免受害蟲的啃咬。
但是呢,等上完這一道奶酪之後,
再告訴你的晚餐客人「黃鼠狼奶酪」這個驚人的祕方吧。

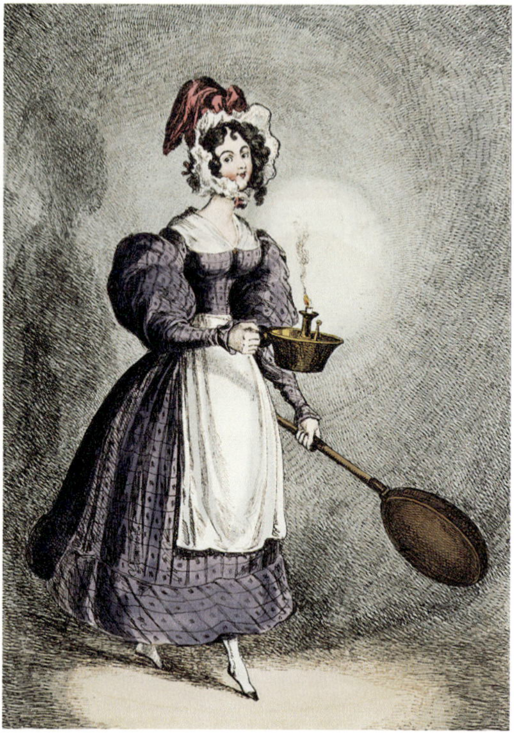

如何治療酸痛
西元1835年

辛苦騎馬或狩獵了一天之後,如何去除僵硬或酸痛。在睡前,取來一鍋子燒得火熱的煤炭,丟進一把赤砂糖,幾個杜松子(可有可無),以糖所冒出的香甜水氣燻蒸,讓你的床舖變溫暖,為了不讓水氣跑掉,你應該趁還很暖和時,慢慢鑽入被窩。到了隔天早晨,所有的骨頭酸痛都會消失不見。

查理斯・迪巴林傑(Charles de Berenger)
《保護生命與財產指導手冊》
(*Helps and Hints How to Protect Life and Property*)

辛苦狩獵一天全身酸痛?只要用一些芳香植物燻蒸一下自己,到了早上你就會變得香甜柔軟了。

如何製作毒箭

十二世紀

　　另一種有毒物質,箭頭沾上就會具毒性,可以拿來作戰。在馬兒右側臀部之間冒出的汗水,箭頭沾上它即可。這方法已經證明是有效的。

《一窺中世紀工藝技術》(*Mappae clavicula*)

👉

這個汗水毒藥在嚴謹的雙重盲目研究中被證明有效。

如何養貓
約西元1470年

如果你養了一隻名貴的貓咪,不想失去牠,你必須連續三天在牠的鼻子和四肢塗抹奶油,如此一來牠絕對不會離開這個房子了。

《女性的福音》(*Les Evangiles des Quenouilles*)

這一招肯定能防止你的貓咪逃跑。
只是不太確定貓咪持續逗留的原因,是因為服從還是抓地力變差?

Ask the Past 251

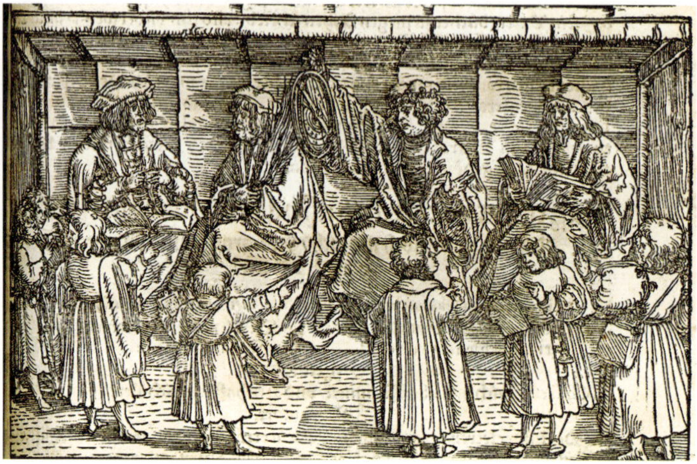

如何在學校守規矩
西元1595年

　　千萬不要讓自己去學校時，如同頑劣的作惡者被鎖在頸手枷（Stockes）*上，或上絞刑台時那般，帶著邪惡的意念……。當你在學校時，在課堂上要認真學習，專注於老師的教導和文件，無論老師教了什麼，都要仔細地作筆記，並且認真思考，直到完全學會為止……。避免和同伴打架、爭吵，要保持禮貌、和善、謙卑，無論貧富一視同仁。不吵鬧，也不會以任何方式打擾你的同學，更不要打擾你的師長。

威廉・費斯頓（William Fhiston）
《學童禮儀教育》（*The Schoole of Good Manners*）

還有：在課堂上不要受到臉書的誘惑，
學期研究報告也不要過度依賴維基百科，
更不要在社交媒體上嘲笑你的老師。

＊　中世紀木製刑具，將罪犯的雙手與頸枷住示眾。

如何生活

約西元1200年

　　願充滿喜悅的詩歌常使你的靈魂歡愉。培養愉快的話語，而非爭吵。願你經常穿著吸引人的新衣服，願你有時在床上能有個慷慨的伴侶。避免枕頭裡充斥麥麩、頭髮或是骯髒之物。享用多種美味的食物和未稀釋的酒。不要放縱食慾，要蔑視貪吃。努力成為行為端正之人，遠離惡習，避免危險的事物。如果你的皮膚生疥癬，請教你的醫生。經常聆聽悅耳的音樂。為自己追求成功繁榮，保持忠實，遠離欺騙。迴避忌妒心，不要讓憤怒的情緒控制你。當你在神聖之地時，培養聖潔之心，憎惡髒話和可恥的行為。讓你的行動永遠坦蕩，從不隱藏。如此，你便會長久活於絢爛多彩的快樂時光。

　　　　貝克爾斯的丹尼爾（Daniel of Beccles）
　　　　《文明人之書》（*Urbanus magnus*）

中世紀良好生活的關鍵：把它印出來（當然要靠手工抄寫），然後掛在你的城牆上。還要記得去檢查疥癬哦。

Ask the Past 255

致謝

說到治療打嗝，昔日老祖宗大有貢獻。然而，這項計畫也從當今許多專業人士身上獲益不少：

我很感謝許多朋友、家人、同事、鄰居和讀者，這些知道如何欣賞古籍的人：安德魯・克拉布特里（Andrew Crabtree）、卡蘿・屈歐多（Carol Chiodo）、和傑瑞德・邦克（Jared Banks）提供早期的鼓勵；莫里斯・堤卻諾（Morris Tichenor）分享其拉丁專長；約翰・霍普金斯大學「Mellon 研討會」的參加者，數小時不斷地探討歷史奇聞；皮博迪學院的同事，包括馬克・傑內洛（Mark Janello）、保羅・馬修斯（Paul Mathews）、和塞巴斯汀・福格特（Sebastian Vogt）提供的靈感；以及霍利斯・羅賓斯（Hollis Robbins）展現如何提出最佳的問題。

我很感謝圖書館館員、館長、以及這些知道如何保存古籍的學者。許多人提供了他們的收藏和專長，並協助我閱讀尋找資料，包括林莉・赫伯特（Lynley Herbert），還有伊麗莎白・法蘭格爾（Elizabeth Frengel）、和亞倫・普拉特（Aaron T. Pratt）這些協助我在耶魯大學研究的人；以及在約翰・霍普

金斯大學的保羅‧埃斯皮諾薩（Paul Espinosa）、海蒂‧海爾（Heidi Herr）、和厄爾‧海文斯（Earle Havens）。

我也很感謝這些知道如何製作書的人。本書的誕生要感謝聯合代理的吉姆‧吉爾（Jim Gill）、卡爾設計公司的瑞奇‧卡爾（Rich Carr），以及 Square Peg 公司的蘿絲瑪莉‧大衛森（Rosemary Davidson）和西蒙‧羅茲（Simon Rhodes）這些人的眼光和奉獻精神。

最後，我要感謝我的丈夫吉姆‧科爾曼（Jim Coleman），知道如何以各種方式鼓勵追求前人的智慧，包括（但不僅止於）學術方面的諮詢建議、俏皮話、和披薩餅；還要感謝艾莉諾（Eleanor）知道如何著眼於現代。

注釋

如何調整你的姿態（How to Adjust Your Posture），西元1484年：
Geoffrey de la Tour Landry, The Book of the Knight of the Tower, trans. Rebecca Barnhouse, The Knight of the Tower: Manners for Young Medieval Women (New York, 2006), 79.
Geoffrey de la Tour Landry 於西元1371年出版的《教導女兒之書》（原文：*Livre pour l'enseignement de ses filles*；英譯：*Book for the Instruction of his Daughters*）由William Caxton 於1484年譯成英文。

如何攻擊敵船（How to Attack an Enemy Ship），西元1441年：
Mariano di Jacopo Taccola, De ingeneis: Liber primus leonis, liber secundus draconis, addenda; Books I and II, On Engines, and Addenda, ed. and trans. Giustina Scaglia, Frank D. Prager, and Ulrich Montag, 2 vols. (Wiesbaden, 1984), 46.（譯文微幅改寫）
機械工程師馬里亞諾・塔可拉（Mariano Taccola）這本技術專書僅存在手稿版本。

如何吸引情人（How to Attract a Lover），西元1699年：
Aristotle's Legacy: or, His Golden Cabinet of Secrets Opened (London, 1699), 18.
這一本算命指導手冊乃其中一個藉哲學家亞里士多德之名自抬身價的文本，約於西元1690年首次出版。

如何避開認識的人（How to Avoid an Acquaintance），西元1881年：
John H. Young, Our Deportment, Or the Manners, Conduct, and Dress of the Most Refined Society (Detroit, 1881), 48.

如何預防瘟疫（How to Avoid the Plague），西元1579年：
Thomas Lupton, A Thousand Notable Things, of Sundry Sortes (London, 1579), 57.
本手冊收錄五花八門又精彩的趣聞軼事以及豐富的小訣竅，首次出版於西元1579年，由於頗受歡迎，因而持續發行至十九世紀。

如何避免懷孕（How to Avoid Pregnancy），十二世紀：
The Trotula: A Medieval Compendium of Women's Medicine, ed. and trans. Monica H. Green (Philadelphia, 2001), 97–9.
知名的《女性醫學大全》（*The Trotula*）是關於女性醫學知識的文選，在中世紀時以不同的版本流傳。雖然此文本的核心是有關薩勒諾（Salerno，位於義大利南部，中世

紀時為醫學研究重鎮）一位名叫Trota的女醫生，但《女性醫學大全》包含三個獨立的文本，全部都與一位名為Trotula神話般的人物相關。

如何扮好男爵夫人的角色（How to Be a Baroness），西元1404年：
Christine de Pizan, A Medieval Woman's Mirror of Honor. The Treasury of the City of Ladies, trans. Charity Cannon Willard, ed. Madeleine Pelner Cosman (New York, 1989), 168–70.
克莉絲汀・德皮桑（Christine de Pizan）繼她著名的《城市仕女之書》（Livre de la Cité des Dames）之後，又出了這本女性指導綱要《貴族仕女寶典》（Le Trésor de la Cité des Dames），也是中古時期以法語寫成。

如何成為主廚（How to Be a Chief Cook），西元1473年：
Olivier de la Marche, Mémoires, trans. Terence Scully, in Scully, Early French Cookery: Sources, History, Original Recipes and Modern Adaptations (Ann Arbor, 1995), 46.
《奧利維爾・德拉馬許的回憶錄》（The Mémoires of Olivier de la Marche），朝臣、詩人和酒店領班、乃至於勃艮第「大膽的查爾斯」公爵，涵蓋了十五世紀下半葉。

如何在學校守規矩（How to Behave at School），西元1595年：
William Fiston, The Schoole of Good Manners: Or, a New Schoole of Vertue (London, 1595), C5r-v.
早期模仿伊拉斯默斯的《論禮儀》（De civilitate）的英文版本，依照法文的意譯。

如何有禮貌地打嗝（How to Belch Politely），西元1640年：
Lucas Gracián Dantisco, Galateo Espagnol, or, the Spanish Gallant, trans. W[illiam] S[tyle] (London, 1640), 9.
丹提斯科（Dantisco）針對《禮儀》（Galateo）的西班牙文改編本，出版於西元1590年間，並於1640年被翻譯成英文。

如何養馬（How to Breed Horses），西元1620年：
Nicolas Morgan, The Horse-mans Honour, or, the Beautie of Horsemanship (London, 1620), 108–9.

如何在水中彈跳（How to Caper in Water），西元1595年：
Everard Digby, De arte natandi, trans. Christopher Middleton, A Short Introduction for to Learne to Swimme (London, 1595), K2v.
迪格比（Digby）的拉丁文游泳指導手冊出版於西元1587年。

如何照顧新生兒（How to Care for a Newborn），西元1256年：
Aldobrandino of Siena, Le régime du corps de Maître Aldebrandin de Sienne, trans. Faith Wallis, in Medieval Medicine: A Reader (Toronto, 2010), 495–6.
阿爾杜布蘭迪諾（Aldobrandino）為薩伏依的碧翠斯伯爵夫人以法文匯編了關於食物療法的文選，書中引述具影響力的醫學作家，如阿維森納（Avicenna）和拉齊（Rhazes）。

如何照顧你的貓（How to Care for Your Cat），約西元1260年：
Albertus Magnus, De animalibus, trans. Kenneth F. Kitchell, Jr. and Irven Michael Resnick, On Animals: A Medieval Summa Zoologica, 2 vols. (Baltimore, 1999), 1523.
聖艾伯特（St Albert），德國多明我會（Dominican）的哲學家、神學家和主教，由於個人學術探究的廣泛性，後來被稱為「萬能醫生」。

如何照顧你的狗（How to Care for Your Dog），約西元1393年：
Le Ménagier de Paris, trans. Gina L. Greco and Christine M. Rose, The Good Wife's Guide: A Medieval Household Book (Ithaca, NY, 2009), 234.
《持家指南》（Le Ménagier de Paris）, 法文作品, 表達丈夫如何指導年輕的妻子, 包含家事管理的各種技巧、以及380道食譜。

如何整理草坪（How to Care for Your Lawn），約西元1260年：
Albertus Magnus, De vegetabilibus libri VII, trans. Christopher Thacker, The History of Gardens (London, 1979), 84.

如何保養你的魯特琴（How to Care for Your Lute），西元1676年：
Thomas Mace, Musick's Monument; or, a Remembrancer of the Best Practical Musick (London, 1676), 62, 64.
梅斯（Mace）的指導手冊包含魯特琴和六弦提琴兩者的介紹。

如何保健牙齒（How to Care for Your Teeth），十三世紀：
Regimen sanitatis Salernitanum. The Regimen of Health of the Medical School of Salerno, trans. Pascal P. Parente (New York, 1967), 38.
《健康養生準則》（The Regimen sanitatis），以拉丁文六步詩寫成的醫療建議，與薩勒諾城重要的中世紀醫學教學相關聯。

如何照護牙齒（How to Care for Your Teeth），西元1595年：
William Fiston, The Schoole of Good Manners, C1r-v.
參見：如何在學校守規矩，西元1595年。

如何捉蒼蠅（How to Catch Flies），約西元1393年：
Le Ménagier de Paris, trans. Greco and Rose, 140.
參見：如何照顧你的狗，約西元1393年。

如何捕捉魟魚（How to Catch a Ray），西元1658年：
Giambattista della Porta, Natural Magick: in XX Bookes by John Baptista Porta, a Neopolitaine (London, 1658), 331–2.
德拉‧波爾塔（Della Porta）的《大自然的奧祕》（Magia Naturalis）於西元1558年首次出版，解釋大自然界的神奇現象，此為第一個英文版本。

如何換尿布（How to Change a Nappy），西元1612年：
Jacques Guillemeau, *Child-birth or, the Happy Deliuerie of Women* (London, 1612), 21.

如何魅惑男人（How to Charm a Man），西元1896年：
The Ladies' Book of Useful Information. Compiled from Many Sources (London, ON, 1896), 72.

如何和女人搭訕（How to Chat with a Woman），約西元1180年：
Andreas Capellanus, *De amore*, ed. and trans. P. G. Walsh, *On Love* (London, 1982), 47.
《論愛情》（*De amore*）對於「宮廷愛情」的現象，提供中世紀經典的詮釋。

如何選擇廚師（How to Choose a Cook），西元1474年：
Bartolomeo Platina, *De honesta voluptate et valetudine*, trans. Mary Ella Milham, *Platina, On Right Pleasure and Good Health: A Critical Edition and Translation of De honesta voluptate et valetudine* (Tempe, Ariz., 1998), 119.
巴托羅梅歐・薩基（Bartolomeo Sacchi），後來以其出生地為名，人人稱之為帕提那（Platina）。早期從事僱傭兵的工作，最後成為梵蒂岡圖書館長。他是第一位食譜印刷出版的作者。

如何選擇船上的座位（How to Choose Your Seat on a Ship），西元1458年：
William Wey, *The Itineraries of William Wey*, ed. B. Badinel (London, 1867), 4.（作者本人翻譯）
威廉・韋（William Wey）以中古英語敘述於西元1458年至耶路撒冷朝聖的過程，僅存於單一手稿。

如何清潔牙齒（How to Clean Your Teeth），西元1561年：
Hieronymus Brunschwig, *A Most Excellent and Perfecte Homish Apothecarye or Homely Physik Book*, trans. John Hollybush (?) (London, 1561), 18.
希爾尼瑪斯・本茨威格（Hieronymus Brunschwig）的作品《家庭醫藥大全》（*Thesaurus pauperum: Hauß Apotek*），其第一個英譯本於西元1507年首次出版。

如何使頭腦清楚（How to Clear Your Head），西元1623年：
Tobias Venner, *Via recta ad vitam longam, pars secunda* (London, 1623), 27.

如何讚美女士（How to Compliment a Lady），西元1663年：
John Gough, *The Academy of Complements* (London, 1663), 92–6.
首次出版於1639年。

如何與人交談（How to Converse），西元1646年：
Francis Hawkins, *Youths Behaviour, or, Decency in Conversation Amongst Men* (London, 1646), 6.

於西元1640年左右首次出版的《青少年行為》（*Youths Behaviour*），乃是翻譯自一部法文作品 *Bienséance de la conversation entre les hommes*（1617），本身也是以《禮儀》（*Galateo*）一書為基礎。

如何烹煮豪豬（How to Cook a Porcupine），西元1570年：
Bartolomeo Scappi, Opera, trans. Terence Scully, *The Opera of Bartolomeo Scappi (1570): L'arte et Prudenza d'un Maestro Cuoco* (Toronto, 2008), 179.
巴托洛梅奧・史加皮（Bartolomeo Scappi）是幾位教皇的私人廚師，也是西元1570年義大利文藝復興時期最有影響力的食譜作者之一。

如何治療眼疾（How to Cure Eye Problems），西元1673年：
William Sermon, *A Friend to the Sick: or, the Honest English Mans Preservation.* (London, 1673), 71–2.

如何治放屁（How to Cure Gas），西元1685年：
Nicolas Lemery, *Modern Curiosities of Art & Nature* (London, 1685), 59–60.
首次出版於1684年。

如何消除頭痛（How to Cure a Headache），九世紀：
Pseudo-Pliny, trans. H. S. Versnel, 'The Poetics of the Magical Charm: An Essay on the Power of Words', in Paul Mirecki and Marvin Meyer, ed., *Magic and Ritual in the Ancient World* (Leiden, 2002), 119–200.
這個建議出現於九世紀的一份手稿（St. Gallen, Cod. Sang. 751），一本古董醫書的附錄。

如何治頭痛（How to Cure a Headache），西元1561年：
Hieronymus Brunschwig, *A Most Excellent and Perfecte Homish Apothecarye or Homely Physik Book*, trans. Hollybush, 4.
參見：如何清潔牙齒，西元1561年。

如何治頭腦阻塞（How to Cure Head Congestion），西元1596年：
A. T., *A Rich Store-House or Treasury for the Diseased* (London,1596), 48.

如何治失眠（How to Cure Insomnia），西元1597年：
William Langham, *The Garden of Health* (London, 1597), 356–7.

如何治相思病（How to Cure Lovesickness），十一世紀：
Constantinus Africanus, *Viaticum*, ed. and trans. Mary Frances Wack, *Lovesickness in the Middle Ages: The Viaticum and its Commentaries* (Philadelphia, 1990), 191.
「非洲康斯坦丁」（Constantine the African）出生於北非，後來在義大利南部的Monte Cassino成為一名修道士，於此期間他將阿拉伯文重要的醫學文獻翻譯成拉丁文。

如何治噁心（How to Cure Nausea），西元1693年：
Robert Boyle, *Medicinal Experiments, or, a Collection of Choice and Safe Remedies* (London, 1693), 175.
此書首次印刷於西元1688年。

如何治療流鼻血（How to Cure a Nosebleed），西元1673年：
William Sermon, *A Friend to the Sick*, 80.
參見：如何治療眼疾，西元1673年。

如何治療青春痘（How to Cure Pimples），西元1665年：
Thomas Jeamson, *Artificiall Embellishments, or Arts Best Directions* (London, 1665), 71–4.

如何治暈船（How to Cure Seasickness），1695年：
Maximilien Misson, *A New Voyage to Italy* (London, 1695), II.335.
Misson published accounts of several voyages, among them the *Nouveau voyage d'Italie* of 1691.

如何治療疼痛（How to Cure Soreness），西元1835年：
Charles de Berenger, *Helps and Hints How to Protect Life and Property* (London, 1835), 110.

如何治喉嚨痛（How to Cure a Sore Throat），西元1685年：
Nicolas Lemery, *Modern Curiosities of Art & Nature*, 72.
參見：如何治放屁，西元1685年。

如何治牙痛（How to Cure a Toothache），西元1779年：
The London Practice of Physic, 4th ed. (Dublin, 1779), 154.
第一版出版於西元1769年。

如何跳舞（How to Dance），約西元1455年：
Domenico da Piacenza, *De arte saltandi*, ed. and trans. A. William Smith, *Fifteenth-Century Dance and Music: Treatises and Music* (Hillsdale, NY, 1995), 13.（譯文微幅改寫）
多梅尼科・達皮爾琴察（Domenico da Piacenza）是費拉拉地區的舞蹈大師，其義大利文的舞蹈專書是此類型最早的文本。

如何裝飾餐桌（How to Decorate the Table），西元1474年：
Bartolomeo Platina, *De honesta voluptate et valetudine*, trans. Milham, 119.
參見：如何選擇廚師，西元1474年。

如何自我防護免受羅勒草侵害（How to Defend Yourself From Basil），西元1579年：
Thomas Lupton, *A Thousand Notable Things*, 10.
參見：如何預防瘟疫，西元1579年。

Ask the Past

如何打理游泳裝扮（How to Dress for Bathing），西元1881年：
John H. Young, Our Deportment, 324.
參見：如何避開認識的人，西元1881年。

如何打理騎單車的裝扮（How to Dress for Cycling），西元1896年：
John Wesley Hanson, Etiquette and Bicycling for 1896 (Chicago, 1896), 366.

如何打理跳舞的裝扮（How to Dress for Dancing），西元1538年：
Antonius Arena, Leges dansandi. In Antonius Arena, Provincialis de bragardissima villa de Soleriis, ad suos compagnones studiantes . . . (Lyon, 1538), ed. and trans. John Guthrie and Marino Zorzi, 'Rules of Dancing,' Dance Research 4, no. 2 (1986): 3–53, at 28.
安東尼奧・艾瑞納（Antonius Arena）於西元1529年首次發表《跳舞準則》（Leges dansandi），附加在他的作品 Ad suos compagnones studiantes 之後。針對舞蹈禮儀這個實用的建議最早出現在1529年和1531年後續版本。

如何打扮給人留下印象（How to Dress to Impress），西元1632年：
Nicolas Faret, The Honest Man: or, the Art to Please in Court, trans. E. G. (London, 1632), 357–9.
A translation of Faret's L'Honneste-Homme (1630).

如何幫你的小孩穿衣服（How to Dress Your Child），約西元1200年：
Daniel of Beccles, Urbanus magnus, ed. Josiah Gilbart Smyly (Dublin, 1939), 80.（作者本人翻譯）
《文明人之書》（Urbanus magnus）是一首冗長的拉丁詩，針對中世紀的情況提供廣泛的建議。

如何選擇啤酒（How to Drink Beer），西元1256年：
Aldobrandino of Siena, Le régime du corps, trans. D. Eleanor Scully and Terence Scully, Early French Cookery: Sources, History, Original Recipes and Modern Adaptations (Ann Arbor, 1995), 36.
參見：如何照顧新生兒，西元1254年。

如何喝啤酒（How to Drink Beer），西元1623年：
Tobias Venner, Via recta ad vitam longam, 44–6.
參見：如何使頭腦清楚，西元1623年。

如何將頭髮染成綠色（How to Dye Your Hair Green），西元1563年：
Alessio Piemontese [Girolamo Ruscelli?], The Second Part of the Secretes of Maister Alexis of Piemont, trans. William Ward (London, 1563), 17.

阿列修・皮蒙特西（Alessio Piemontese）的祕技全集是這一類體裁的原型典範、也是最受歡迎的實例，於西元1555年出版，至1600年時已見八種語言、七十個版本的譯文。

如何有禮貌地進食（How to Eat Politely），西元1646年：
Francis Hawkins, Youths Behaviour, 34.
參見：如何與人交談，西元1646年。

如何喝湯（How to Eat Soup），西元1595年：
William Fiston, The Schoole of Good Manners, D1v.
參見：如何在學校守規矩，西元1595年。

如何逃獄（How to Escape from Prison），西元1642年：
Mario Bettinus, Apiaria universae philosophiae mathematicae (Bologna, 1642), 30.

如何鍛練身體（How to Exercise），西元1623年：
Tobias Venner, Via recta ad vitam longam, 21–2.
參見：如何使頭腦清楚，西元1623年。

如何用磨擦力健身（How to Exercise with Friction），西元1827年：
Thomas John Graham, Modern Domestic Medicine, 3rd ed. (London, 1827), 162.

如何放屁（How to Fart），1530年：
Desiderius Erasmus, De civilitate morum puerilium libellum (Basel, 1530), 17–8.（作者本人翻譯）
伊拉斯默斯的《男孩的禮貌教育》（De civilitate morum puerilium libellum）首次出版於西元1530年，是歐洲文明的基礎文本之一。

如何增肥（How to Fatten Up），西元1665年：
Thomas Jeamson, Artificiall Embellishments, 65–7.
參見：如何治療青春痘，西元1665年。

如何餵小孩吃飯（How to Feed Your Child），西元1692年：
John Locke, Some Thoughts Concerning Education, ed. Ruth W. Grant and Nathan Tarcov, Some thoughts concerning education; and, Of the conduct of the understanding (Indianapolis, 1996), 18.
洛克（John Locke）的《教育漫話》（Some Thoughts Concerning Education）源自於給朋友養育小孩的建議。

如何摺疊出令人驚羨的餐巾紙（How to Fold Fabulous Napkins），西元1629年：
Li tre trattati di messer Mattia Giegher Bavaro di Mosburc (Padua, 1629) 10–12.

在德國帕多瓦工作的馬蒂亞斯・耶格爾（Matthias Jäger）的《餐巾摺疊藝術論》（*Li tre trattati*），是第一本完整收錄餐巾桌布折疊藝術的指南。

如何利用龍蝦輔助園藝（How to Garden with Lobsters），西元1777年：
The Complete Vermin-Killer: A Valuable and Useful Companion for Families, in Town and Country, 4th ed. (London, 1777), 66.

如何懷孕（How to Get Pregnant），西元1671年：
William Sermon, The Ladies Companion, or the English Midwife (London, 1671), 13.

如何擺脫好辯之人（How to Get Rid of a Contentious Man），西元1727年：
Thomas Parkyns, Progymnasmata: The Inn-play: or, Cornish-hugg Wrestler, 3rd ed. (London, 1727), 58.

如何驅除蚊子（How to Get Rid of Mosquitoes），約西元1260年：
Albertus Magnus, De animalibus, trans. Kitchell and Resnick, 1477.
參見：如何照顧你的貓，約1260年。

如何生孩子（How to Give Birth），約西元1450年：
Michele Savonarola, Ad mulieres ferrarienses de regimine pregnantium et noviter natorum usque ad septennium. Ed. Luigi Belloni, Il trattato ginecologico-pediatrico in volgare (Milan, 1952), 121.（作者本人翻譯）
米歇爾・薩沃納羅拉（Michele Savonarola）乃是有遠見的修士吉若拉默・薩沃納羅拉（Girolamo Savonarola）的祖父，他是一位著名的醫生，也著作許多醫學論文專書，其中包括對費拉拉的女性所提的醫療建議這一本書。

如何使人放屁（How to Give Someone Gas），西元1660年：
Johann Jacob Wecker, Eighteen Books of the Secrets of Art & Nature (London, 1660), 21–2.
威格（Wecker）的拉丁文指導綱要 *De secretis libri XVIII* 的英譯本，出版於西元1582年。

如何修眉（How to Groom Your Eyebrows），西元1563年：
Alessio Piemontese [Girolamo Ruscelli?], The Second Part of the Secretes of Maister Alexis of Piemont, trans. Ward, 10.
參見：如何將頭髮染成綠色，西元1563年。

如何處理書籍（How to Handle Books），西元1345年：
Richard of Bury, Philobiblon, trans. E. C. Thomas (London, 1903), 105.
英國主教貝瑞理查（Richard de Bury）是早期的一位藏書家，其《愛書》（*Philobiblon*）討論書籍的收集、保養、和防護方法。

如何收割風茄（How to Harvest the Mandrake），十二世紀：
Apuleii liber de medicaminibus herbarum, ed. and trans. George C. Druce, 'The Elephant in Medieval Legend and Art', *Journal of the Royal Archaeological Institute* 76 (1919), 46.

如何種甜瓜（How to Harvest Melons），西元1691年：
Nicolas de Bonnefons, *The French Gardiner*, trans. John Evelyn. 4th ed. (London, 1691), 108.
艾夫林（Evelyn）翻譯的這本廣受歡迎的法國園藝手冊首次出版於西元1658年（原文版本出現於西元1651年）。

如何生出漂亮的小孩（How to Have a Beautiful Child），西元1697年：
Aristotle's Master-piece Compleated (London, 1697), 16–17.
這本手冊屬於藉亞里士多德之名自抬身價的其中一本書，涉及婦科和生育議題。

如何訓練會表演的狗（How to Have a Performing Dog），約西元1260年：
Albertus Magnus, *De animalibus*, trans. Kitchell and Resnick, 1460.
參見：如何照顧你的貓，約1260年。

如何治癒各種傷口（How to Heal All Wounds），西元1686年：
Hannah Woolley, *The Accomplish'd Ladies Delight in Preserving, Physick, Beautifying, and Cookery* (London, 1686), 86.
首次出版於西元1685年。

如何在舞會中令女士印象深刻（How to Impress Girls at a Dance），西元1538年：
Antonius Arena, *Leges dansandi*, trans. Guthrie and Zorzi, 33–5.（譯文微幅改寫）
參見：如何打理跳舞的裝扮，西元1538年。

如何改善記憶力（How to Improve Your Memory），西元1563年：
Alessio Piemontese [Girolamo Ruscelli?], *The Second Part of the Secretes of Maister Alexis of Piemont*, trans. Ward, 8–9.
參見：如何將頭髮染成綠色，西元1563年。

如何增進慾望（How to Increase Lust），十一世紀：
Constantinus Africanus, *Constantini Liber de coitu*, trans. Faith Wallis, *Medieval Medicine: A Reader* (Toronto, 2010), 520–22.
參見：如何治相思病，十一世紀。

如何解夢（How to Interpret Dreams），約西元1100年：
Germanus, *Oneirocriticon*, trans. Steven M. Oberhelman, *Dreambooks in Byzantium: Six Oneirocritica in Translation, with Commentary* (Aldershot, 2008), 153–66.
《吉曼努斯的解夢術》（*The Oneirocriticon of Germanus*），流傳悠久的解夢指導手冊之一，此書為西元900年至1300年之間的拜占庭文本。

如何訪問海外人士（How to Interview People Abroad），西元1789年：
Leopold Berchtold, *An Essay to Direct and Extend the Inquiries of Patriotic Travellers* (London, 1789), 99; 187; 260; 320; 428.
奧地利旅人利奧波德・巴赫托德（Leopold Berchtold）同時提供切實可行的意見、和許多收集而來精確的問題，給好奇的旅行者參考。

如何養貓（How to Keep Your Cat），約西元1470年：
The Distaff Gospels: A First Modern Edition of Les Evangiles des Quenouilles, ed. and trans. Madeleine Jeay and Kathleen Garay (Peterborough, ON, and Orchard Park, NY, 2006), 237–9.
《女性的福音》（*Les Evangiles des Quenouilles*）是利用女性的聚會作為敘事框架，集合中世紀晚期婦女民間信仰的文選。

如何保持雙手溫暖（How to Keep Your Hands Warm），西元1579年：
Thomas Lupton, *A Thousand Notable Things*, 61.
參見：如何預防瘟疫，西元1579年。

如何將臭蟲趕盡殺絕（How to Kill Bedbugs），西元1777年：
The Complete Vermin-Killer, 3–4.
參見：如何利用龍蝦輔助園藝，西元1777年。

如何殺跳蚤（How to Kill Fleas），西元1688年：
R. W., *A Necessary Family Book* (London, 1688), 33.

如何殺死蛇（How to Kill Snakes），西元1688年：
R. W., *A Necessary Family Book*, 18.
參見：如何殺跳蚤，西元1688年。

如何親吻（How to Kiss），西元1777年：
A Dictionary of Love, with Notes (London, 1777), s.v. 'Kiss'.

如何預知死亡是否即將來臨（How to Know if Death is Imminent），五世紀：
Pseudo-Hippocrates, *Capsula eburnea*, trans. Faith Wallis, *Medieval Medicine: A Reader* (Toronto, 2010), 44.
《希波克拉底陵墓書簡》（*The Capsula eburnea*），也被稱為 *Prognostica*，看來好像是晚期希臘預言文本在五、六世紀的拉丁文版本。

如何判定自己是否懷孕（How to Know if You're Pregnant），西元1685年：
Nicolas Lemery, *Modern Curiosities of Art & Nature*, 70.
參見：如何治放屁，西元1685年。

如何判斷月亮周期（How to Know the Moon's Phase），西元1658年：
John White, *A Rich Cabinet, with Variety of Inventions* (London, 1658), 33.
懷特（White）的《煙火藝術創作指南》（*A Rich Cabinet*）乃一系列奇思妙想文選中的第一本書，西元1651年首次出版。

如何從舞會中脫身（How to Leave a Party），約西元1200年：
Daniel of Beccles, *Urbanus magnus, 51*.（作者本人翻譯）
參見：如何幫你的小孩穿衣服，約西元1200年。

如何升火（How to Light a Fire），西元1612年：
The Booke of Pretty Conceits A2r.
參見：如何醒酒，西元1612年。

如何生活（How to Live），約西元1200年：
Daniel of Beccles, *Urbanus magnus, 92*.（作者本人翻譯）
參見：如何幫你的小孩穿衣服，約西元1200年。

如何在有限的預算下保持體面（How to Look Good on a Budget），約西元1280年：
Amanieu de Sescás, *Enssenhamen de l'escudier*, trans. Mark. D. Johnston, 'The Occitan Enssenhamen de l'escudier and Essenhamen de la donzela of Amanieu de Sescás', in Mark D. Johnston, ed., *Medieval Conduct Literature: An Anthology of Vernacular Guides to Behaviour for Youths, with English Translations* (Toronto, 2009), 31–2.
鮮為人知的阿曼尼歐·德薩斯卡斯（Amanieu de Sescás）著有兩本詩歌形式的教導手冊：《侍從教導指南》（*Enssenhamen de l'escudier*）和《年輕女士教導指南》（*Essenhamen de la donzela*）。

如何在跳舞時展現優雅神態（How to Look Good While Dancing），西元1538年：
Antonius Arena, *Leges dansandi*.（作者本人翻譯）
參見：如何打理跳舞的裝扮，西元1538年。

如何製造鳥飛彈（How to Make Bird Missiles），十三世紀：
Marcus Graecus, *Liber ignium ad comburendos hostes*, ed. and trans.
J. R. Partington, *A History of Greek Fire and Gunpowder* (Baltimore, 1960), 46.
《以火制敵祕方》（*The Liber ignium ad comburendos hostes*）起源約莫十三世紀之間。

如何製作起司歐姆蛋（How to Make a Cheesy Omelette），約西元1393年：
Le Ménagier de Paris, trans. Greco and Rose, 310–11.
參見：如何照顧你的狗，約西元1393年。

Ask the Past 269

如何製作巧克力（How to Make Chocolate），西元1685年：
Philippe Sylvestre Dufour, *The Manner of Making Coffee, Tea, and Chocolate*, trans. John Chamberlayn (London, 1685), 72.

如何製作聖誕節派餅（How to Make a Christmas Pie），西元1774年：
Hannah Glasse, *The Art of Cookery Made Plain and Easy* (London, 1774), 139–40. 第一版出版於西元1747年。

如何釀造公雞麥芽啤酒（How to Make Cock Ale），西元1697年：
A New Book of Knowledge (London, 1697), 3.

如何煮咖啡（How to Make Coffee），西元1685年：
Philippe Sylvestre Dufour, *The Manner of Making Coffee, Tea, and Chocolate*, trans. Chamberlayn, 8–10.
參見：如何製作巧克力，西元1685年。

如何使烤雞發出雞啼聲（How to Make a Cooked Bird Sing），西元1450年：
The Vivendier: A Critical Edition with English Translation, ed. and trans. Terence Scully (Devon, 1997), 83.
《中世紀法國食譜精選集》（*The Vivendier*）為法國食譜選集，僅存於單一手稿。

如何製造晚餐對話（How to Make Dinner Conversation），西元1576年：
Thomas Twyne, *The Schoolemaster, or Teacher of Table Philosophie* (London, 1576).
改編自中世紀的膳食指導手冊Mensa philosophica。

如何使龍噴煙火（How to Make a Dragon out of Fireworks），西元1658年：
John White, *A Rich Cabinet*, 103–4.
參見：如何判斷月亮周期，西元1658年。

如何製作法式吐司（How to Make French Toast），西元1660年：
Robert May, *The Accomplisht Cook, or the Art and Mystery of Cookery* (London, 1660), 162.

如何製作巨蛋（How to Make a Giant Egg），西元1660年：
Robert May, *The Accomplisht Cook*, 427–8.
參見：如何製作法式吐司，西元1660年。

如何製作刺蝟（How to Make a Hedgehog），西元1725年：
Robert Smith, *Court Cookery: Or, the Compleat English Cook* (London, 1725), 102.
首次出版於西元1723年。

如何製作番茄醬（How to Make Ketchup），西元1774年：
Hannah Glasse, The Art of Cookery Made Plain and Easy, 240.
參見：如何製作聖誕節派餅，西元1774年。

如何製作通心粉和起司（How to Make Macaroni and Cheese），約西元1390年：
The Forme of Cury, trans. Constance B. Hieatt, The Culinary Recipes of Medieval England: An Epitome of Recipes from Extant Medieval English Culinary Manuscripts (London, 2013), 91.
《烹飪表現形式》（The Forme of Cury）是一本很重要的中世紀烹飪手冊，以中古英語寫成。

如何搭建麵糰城堡（How to Make a Pastry Castle），約西元1390年：
The Forme of Cury, trans. Hieatt, 184.
參見：如何製作通心粉和起司，約西元1390年。

如何製作粉紅色的鬆餅（How to Make Pink Pancakes），西元1786年：
Elizabeth Raffald, The Experienced English Housekeeper, For the Use and Ease of Ladies, Housekeepers, Cooks, &c. (London, 1786), 167.
雷佛德（Raffald）暢銷食譜和家事技巧選集，首次出版於西元1769年。

如何製作毒箭（How to Make a Poisoned Arrow），十二世紀：
Mappae clavicula, ed. and trans. Cyril Stanley Smith and John G. Hawthorne, 'Mappae clavicula: A Little Key to the World of Medieval Techniques', Transactions of the American Philosophical Society n.s. 64:4 (1974): 1–28, at 68.
《一窺中世紀工藝技術》（Mappae clavicula）概述一些工匠的技術。其中的一些資料內容回溯至中世紀前；十二世紀之間繼續增加內容。

如何快速調出雞尾酒（How to Make a Quick Cocktail），西元1658年：
John White, A Rich Cabinet, 28.
參見：如何判斷月亮周期，西元1658年。

如何製造彩虹（How to Make a Rainbow），西元1633年：
Hendrik van Etten [Jean Leurechon?], Mathematicall Recreations (London, 1633), 66–8.
本作品關於機械的奇蹟，引用亞歷山卓的希羅（古希臘數學家）之作，於西元1624年首次在法國出版（Récréations mathématiques）；此書經常被認定為尚・盧瑞強（Jean Leurechon）之作。這是第一個英文版本。

如何製作蝸牛麵包（How to Make Snail Bread），西元1685年：
Nicolas Lemery, Modern Curiosities of Art & Nature, 240–1.
參見：如何治放屁，西元1685年。

如何讓人笑到死（How to Make Someone Die of Laughter），十三世紀：
Richardus Salernitanus, Anatomia, ed. I. Schwarz, Die Medizinischen Handschriften der K. Universitätsbibliothek im Würzburg (Würzburg, 1907), 90.（作者本人翻譯）
作者身份並不明確；此文本或許是十二世紀在薩勒諾的醫學教學當中的一則筆記。

如何製作乾麵條（How to Make Tagliatelle），西元1570年：
Bartolomeo Scappi, Opera, trans. Scully, 228.
參見：如何烹煮豪豬，西元1570年。

如何刺青（How to Make a Tattoo），西元1563年：
Alessio Piemontese [Girolamo Ruscelli?], The Second Part of the Secretes of Maister Alexis of Piemont, trans. Ward, 16.
參見：如何將頭髮染成綠色，西元1563年。

如何製作草皮長凳（How to Make a Turf Bench），約西元1305年：
Piero de'Crescenzi, Liber ruralium commodorum, trans. Robert G. Calkins, 'Piero de' Crescenzi and the Medieval Garden', in Medieval Gardens, ed. Elisabeth B. MacDougall, (Washington, DC, 1986), 171.
皮耶洛・迪奎森西（Piero de'Crescenzi）的作品《中世紀園藝手稿》（Opus ruralium commodorum）是中世紀歐洲最重要的農業論文之一。

如何讓自己隱身（How to Make Yourself Invisible），西元1560年：
The Boke of Secretes of Albertus Magnus (London, 1560), C1v.
這本關於實驗性魔法的中世紀選集，被稱之為 Secreta Alberti，假冒艾伯特・麥格努斯（Albertus Magnus）之名，或許是他的其中一位追隨者於十三世紀彙編而成。

如何自製護唇膏（How to Make Your Own Lip Balm），西元1579年：
Thomas Lupton, A Thousand Notable Things, 2.
參見：如何預防瘟疫，西元1579年。

如何打理你的鼻子（How to Manage Your Nose），西元1640年：
Lucas Gracián Dantisco, Galateo Espagnol, trans. W[illiam] S[tyle], 10.
參見：如何有禮貌地打嗝，西元1640年。

如何為女士調酒（How to Mix Drinks for Ladies），西元1892年：
William Schmidt, The Flowing Bowl: When and What to Drink (New York, 1892), 164.

如何預防老鼠偷吃乳酪（How to Mouse-proof Your Cheese），西元1581年：
Thomas Hill, A Briefe and Pleasaunt Treatise, Entituled, Naturall and Artificiall Conclusions (London, 1581), G1v.
希爾（Hill）的「祕訣之書」首次出版於西元1567或1568年。

如何打包行李（How to Pack for a Journey），西元1480年：
Santo Brasca, Viaggio in Terrasanta, ed. Anna Laura Momigliano Lepschy, Viaggio in Terrasanta di Santo Brasca 1480 (Milan, 1966), 128–9.（作者本人翻譯）
《朝聖之旅》（Viaggio in Terrasanta）是米蘭作者在1480年去耶路撒冷朝聖途中的日誌。

如何像學者一樣與人交際（How to Party Like a Scholar），西元1558年：
Giovanni della Casa, Il Galateo overo de' costumi, trans. M. F. Rusnak, Galateo: Or, The Rules of Polite Behaviour (Chicago, 2013), 20.
大主教喬望尼‧德拉卡薩（Giovanni della Casa）的《禮儀》（Galateo），在西元1558年他死後首次出版，書一問世立即成為有史以來最有影響力的禮儀著作之一；「galateo」在義大利文中仍然是「禮貌」的代稱。

如何預測壞天氣（How to Predict Bad Weather），約西元1470年：
Les Evangiles des Quenouilles, trans. Jeay and Garay, 119.
參見：如何養貓，約西元1470年。

如何預測生活花費（How to Predict Cost of Living），約西元1470年：
Les Evangiles des Quenouilles, trans. Jeay and Garay, 129.
參見：如何養貓，約西元1470年。

如何準備沐浴（How to Prepare a Bath），約西元1450年：
John Russell, John Russell's Book of Nurture, trans. Edith Rickert and L. J. Naylor, The Babees Book: Medieval Manners for the Young (Cambridge, ON, 2000), 34.
鮮為人知的約翰‧羅素（John Russell）形容自己是格洛斯特漢弗萊公爵（Duke Humphrey of Gloucester）的門房、司儀和僕人。

如何防止背痛（How to Prevent Back Pain），約西元1470年：
Les Evangiles des Quenouilles, trans. Jeay and Garay, 211.
參見：如何養貓，約西元1470年。

如何預防喝醉酒（How to Prevent Drunkenness），西元1653年：
Hugh Plat, The Jewel House of Art and Nature (London, 1653), 59.

如何保護嬰兒（How to Protect Your Infant），西元1697年：
John Pechey, A General Treatise of the Diseases of Infants and Children Collected from the Best Practical Authors (London, 1697), 4–5.

如何向男人施展魅功（How to Put the Moves on a Man），約西元1250年：
Richard de Fournival, Consaus d'amours, trans. Norman R. Shapiro, The Comedy of Eros: Medieval French Guides to the Art of Love, 2nd ed. (Urbana, IL, 1997), 116.

因《愛的動物寓言》（*Bestiaire d'amour*）作品而聞名的理查・德弗尼沃（Richard de Fournival）也著有一本關於愛情的書信專書。

如何滅火（How to Put Out a Fire），十二世紀：
Mappae clavicula, trans. Smith and Hawthorne, 70.
參見：如何製作毒箭，十二世紀。

如何培養你的小孩（How to Raise Your Child），十二世紀：
The Trotula, trans. Green, 109.
參見：如何避免懷孕，十二世紀。

如何從舞會災難中平復心情（How to Recover from a Dance Mishap），西元1538年：
Antonius Arena, *Leges dansandi*.（作者本人翻譯）
參見：如何打理跳舞的裝扮，西元1538年。

如何解放自我（How to Relieve Yourself），約西元1200年：
Daniel of Beccles, *Urbanus magnus*, 38–9.（作者本人翻譯）
參見：如何幫你的小孩穿衣服，約西元1200年。

如何清除汙漬（How to Remove a Stain），西元1562年：
Alessio Piemontese [Girolamo Ruscelli?], *The Thyrde and Last Parte of the Secretes of the Reverende Maister Alexis of Piemont, trans.* William Ward (London, 1562), 58.
參見：如何將頭髮染成綠色，西元1563年。

如何騎馬（How to Ride a Horse），約西元1260年：
Brunetto Latini, *Il Tesoretto,* ed. Julia Bolton Holloway, *Il Tesoretto (The Little Treasure)* (New York, 1981), 1803–18.（作者本人翻譯）
布魯內托・拉丁尼（Brunetto Latini）最為人所知的便是但丁導師的身份，和他被但丁於神曲《地獄篇》中提及。拉丁尼試圖在他的義大利詩歌 *Tesoretto* 和法文散文 *Li Livres dou Trésor* 當中，概述人類的知識總體。

如何安排求愛行程 (How to Schedule Lovemaking)，西元1707年：
Nicolas Venette, *The Mysteries of Conjugal Love Reveal'd* (London, 1707), 139.
西元1687年的一本法文性愛手冊之英文譯本。

如何在盛宴中來一道活鳥上菜（How to Serve a Live Bird at a Feast），約西元1450年：
The Vivendier, trans. Scully, 81.
參見：如何使烤雞發出雞啼聲，約西元1450年。

如何幫幼童伺酒（How to Serve Wine to Your Toddler），約西元1450年：
Michele Savonarola, *Ad mulieres ferrarienses*.（作者本人翻譯）
參見：如何生小孩，約西元1450年。

如何唱歌（How to Sing），西元1650年：
Christoph Bernhard, Von der Singe-Kunst oder Manier. trans. Walter Hilse, 'The Treatises of Christoph Bernhard', The Music Forum III (1973): 1–196, at 25.
伯恩哈德（Bernhard）對於歌唱的建議存於約莫西元1650年的手稿之中。

如何在餐桌上就座（How to Sit at the Table），西元1530年：
Desiderius Erasmus, De civilitate 28.（作者本人翻譯）
參見：如何放屁，西元1530年。

如何入眠（How to Sleep），西元1474年：
Platina, De honesta voluptae et veletudine, trans. Milham, 111.
參見：如何選擇廚師，西元1474年。

如何在旅行時也能安眠（How to Sleep While Travelling），西元1700年：
Andrew Balfour, Letters Write [sic] to a Friend (Edinburgh, 1700), 111.
醫師、植物學家和旅行家安德魯·貝爾福（Andrew Balfour）寫給派屈克·莫瑞（Patrick Murray）的這套書信，是在西元1694年貝爾福去世後才出版的。

如何減重（How to Slim Down），十二世紀：
The Trotula, trans. Green, 123.
參見：如何避免懷孕，十二世紀。

如何瘦身（How to Slim Down），西元1665年：
Thomas Jeamson, Artificiall Embellishments, 64.
參見：如何治療青春痘，西元1665年。

如何在十四天內瘦身成功（How to Slim Down in Fourteen Days），西元1579年：
Thomas Lupton, A Thousand Notable Things, 49.
參見：如何預防瘟疫，西元1579年。

如何解酒（How to Sober Up），西元1628年：
The Booke of Pretty Conceits: Taken out of Latine, French, Dutch and English (London, 1628), A7v. 第一版出現於西元1612年。

如何安撫小孩子（How to Soothe a Child），約西元1000年：
Old English Herbarium, trans. Anne van Arsdall, Medieval Herbal Remedies: The Old English Herbarium and Anglo-Saxon Medicine (New York, 2002), 159.
四、五世紀名為《偽阿普列尤斯的植物標本館》（Herbarium of Pseudo-Apuleius）拉丁手冊之古英文譯本。

Ask the Past

如何安撫長牙的嬰兒（How to Soothe a Teething Baby），約西元1450年：
Michele Savonarola, Ad mulieres ferrarienses.（作者本人翻譯）
參見：如何生小孩，約西元1450年。

如何保持健康（How to Stay Healthy），西元1607年：
John Harrington, The Englishmans Docter, or the School of Salerne (London, 1607), A8r.
《沙勒諾的養生準則》（Regimen sanitatis Salernitanum）的詩歌翻譯。

如何保持年輕（How to Stay Young），西元1489年：
Marsilio Ficino, De vita libri tres, ed. and trans. Carol V. Kaske and John R. Clarke, Three Books on Life (Binghamton, NY, 1989), 197.
馬西里歐‧費奇諾（Marsilio Ficino），以將柏拉圖的著作翻譯成拉丁文而聞名，在他於西元1489年所出版的《人生三書》（Tres libri de vita）中，探索更多奧祕之事，包括如何利用來自星星的正向影響力。

如何圓滿達成出差任務（How to Succeed on a Business Trip），西元1528年：
Baldesar Castiglione, Il libro del cortegiano, ed. Daniel Javitch, The Book of the Courtier: the Singleton Translation (New York, 2002).（作者本人翻譯）
外交家和朝臣巴爾達薩雷‧卡斯蒂利奧尼（Baldesar Castiglione）發表在1528年的《廷臣論》（Il Libro del Cortegiano），內容包括在烏爾比諾公爵宮廷之中談論關於理想朝臣特質的虛構對話。

如何對你的女人甜言蜜語（How to Sweet Talk Your Lady），西元1656年：
Cupids Master-piece, or, the Free-school of Witty and Delightful Complements (London, 1656).

如何像紳士般游泳（How to Swim Like a Man），西元1860年：
Donald Walker, Walker's Manly Exercises: Containing Rowing, Sailing, Riding, Driving, Hunting, Shooting, and Other Manly Sports, rev. 'Craven' (London, 1860), 86.

如何測量脈搏（How to Take a Pulse），十二世紀：
Salvatore de Renzi, Collectio Salernitana, vol. 2 (Naples, 1853), 74–5.

如何談論你的孩子（How to Talk About Your Kids），西元1558年：
Giovanni della Casa, Il Galateo overo de' costumi, trans. Rusnak, 48–9.
參見：如何像學者一樣與人交際，西元1558年。

如何講笑話（How to Tell Jokes），西元1558年：
Giovanni della Casa, Il Galateo overo de' costumi, trans. Rusnak, 47.
參見：如何像學者一樣與人交際，西元1558年。

如何判定一個人是生是死（How to Tell if Someone Is or Is Not Dead），約西元1380年：
Johannes de Mirfield, Breviarium Bartholomei, trans. Percival Horton-Smith Hartley and Harold Richard Aldridge, Johannes de Mirfeld of St. Bartholomew's, Smithfield; His Life and Works (Cambridge, 1936), 69.
約翰納斯·默菲爾德（Johannes de Mirfield）是聖巴塞洛繆醫院（倫敦）一位傑出的醫生；他的注重實效之醫療綱要有兩本留存。

如何預測時間（How to Tell Time），西元1658年：
John White, A Rich Cabinet, 8.
參見：如何判斷月亮週期，西元1658年。

如何訓練貓耍花招（How to Train Your Cat to Do Tricks），西元1809年：
Jesse Haney, Haney's Art of Training Animals (New York, 1809), 148–9.

如何訓練你的雀鷹（How to Train Your Sparrow Hawk），約西元1393年：
Le Ménagier de Paris, trans. Greco and Rose, 237–8.
參見：如何照顧你的狗，約西元1393年。

如何治療禿頭（How to Treat Baldness），十三世紀：
Salvatore de Renzi, Collectio Salernitana, vol. 5 (Naples, 1859), 21.（作者本人翻譯）

如何對待大一新鮮人（How to Treat Freshmen），西元1495年：
Leipzig University statute, ed. Friedrich Zarncke, Die Statutenbücher der Universität Leipzig (Leipzig, 1861), 102, trans. Robert Francis Seybolt, The Manuale Scholarium: An Original Account of Life in the Mediaeval University (Cambridge, MA, 1921), 21–2, n. 6.（譯文微幅改寫）

如何在水中修剪腳指甲（How to Trim Your Toenails Underwater），西元1789年：
Melchisédech Thévenot, The Art of Swimming. Illustrated by Forty Proper Copper-Plate Cuts, Which Represent the Different Postures Necessary to be Used in that Art. With Advice for Bathing, 3rd ed. (London, 1789), 47–8.
特文諾（Thévenot）的《游泳的藝術》（L'Art de Nager）於西元1696年首次出版，是埃弗拉·迪格比（Everard Digby）的拉丁手冊 De arte natandi（1587）之法語版本，於西元1699年由從法語翻譯成英文，在1789年間仍廣為流傳在水中打扮修飾的絕妙建議。

如何婉拒主子的老婆（How to Turn Down Your Lord's Wife），約西元1200年：
Daniel of Beccles, Urbanus magnus, 64.（作者本人翻譯）
參見：如何幫你的小孩穿衣服，約西元1200年。

如何使用培根肉（How to Use Bacon），約西元530年：
Anthimus, *De obseruatione ciborum*, ed. and trans. Mark Grant, *De obseruatione ciborum* (Totnes, 1996), 57.
《食品遵守法則》（*De obseruatione ciborum*）是在希奧多里克大帝（Theodoric the Great）宮廷中服務的一位拜占庭醫生之作品。

如何使用鑽石（How to Use a Diamond），約西元1350年：
John Mandeville, *Travels*, trans. C. W. R. D. Moseley, rev. ed. (London, 2005), 118–9.
這則關於到東方遊歷生動的法文記述，敘事者採用查漢・德曼德維爾（Jehan de Mandeville）這個名字。有人認為法蘭德斯人簡・德朗格（Jan de Langhe）是本書的作者。

如何善用柳橙（How to Use an Orange），西元1722年：
Joseph Miller, *Botanicum officinale: or a Compendious Herbal* (London, 1722), 67–8.

如何清醒或入眠（How th Wake or Sleep），西元1685年：
Nicolas Lemery, *Modern Curiosities of Art & Nature*, 26.
參見：如何治放屁，西元1685年。

如何在水面上行走（How to Walk on Water），西元1581年：
Thomas Hill, *A Briefe and Pleasaunt Treatise, Entituled, Naturall and Artificiall Conclusions*, C5r.
參見：如何預防老鼠偷吃乳酪，西元1649年。

如何幫嬰兒洗澡（How to Wash a Baby），西元1744年：
Thomas Dawkes, *The Nurse's Guide: or, Short and Safer Rules for the Management of Women* (London, 1744), 35–6.

如何洗頭髮（How to Wash Your Hair），十二世紀：
The Trotula, trans. Green, 171.
參見：如何避免懷孕，十二世紀。

如何洗髮（How to Wash Your Head），西元1612年：
William Vaughan, *Approved Directions for Health* (London, 1612), 71.
首次出版於西元1600年。

如何穿著紳士般的內衣（How to Wear Gentlemanly Underwear），西元1891年：
Mortimer Delano de Lannoy, *Simplex Munditiis. Gentlemen* (New York, 1891), 55.

如何穿軟木高底鞋（How to Wear Platform Shoes），西元1600年：
Fabritio Caroso, *Nobilità di dame*, ed. and trans. Julia Sutton, *Courtly Dance of the Renaissance: A New Translation and Edition of the Nobilità di Dame (1600)* (New York, 1995), 141.

舞蹈大師法畢修・卡羅素（Fabritio Caroso da Sermoneta）於西元1584年首度出版《芭蕾指南》（*Il Ballarino*）。《貴族仕女》（*Nobilità di dame*）是修訂版本。

如何美白牙齒（How to Whiten Your Teeth），西元1686年：
Hannah Woolley, *The Accomplish'd Ladies Delight*, 95.
參見：如何治癒各種傷口，西元1686年。

如何打贏官司（How to Win a Legal Case），約西元1260年：
Albertus Magnus, *De animalibus*, trans. Kitchell and Resnick, 1520.
參見：如何照顧你的貓，約西元1260年。

如何寫慰問信（How to Write a Letter of Condolence），西元1867年：
Sarah Annie Frost, *Frost's Original Letter-Writer. A Complete Collection of Original Letters and Notes Upon Every Imaginable Subject of Every-Day Life (New York, 1867)*, 95.

圖片版權說明

主要來源：

Beinecke: Images courtesy of the Beinecke Rare Book and Manuscript Library, Yale University.
Bodleian: Images reproduced by permission of the Bodleian Library, University of Oxford.
British Library: Images © The British Library Board.
Cushing/Whitney: Images courtesy of the Harvey Cushing/John Hay Whitney Medical Library, Yale University.
Eisenhower: Images courtesy of the Milton S. Eisenhower Library, The Sheridan Libraries, Johns Hopkins University.
Garrett: Images courtesy of the John Work Garrett Library, The Sheridan Libraries, Johns Hopkins University.
Getty: Images courtesy of the J. Paul Getty Library's Open Content Program.
Peabody: Images courtesy of the George Peabody Library, The Sheridan Libraries, Johns Hopkins University.
Walpole: Images courtesy of the Lewis Walpole Library, Yale University.
Walters: Images © Walters Art Museum, used under a Creative Commons Attribution–ShareAlike 3.0 license.
Wellcome: Images courtesy of the Wellcome Library, London.

25頁：Fabritio Caroso, *Il ballarino* (1581). Beinecke. 27頁：British Library, Additional MS 27695, f. 14r. 28頁：John Southall, *A Treatise of Buggs* (1730). Beinecke. 29頁：Laurentius de Voltolina, 'The Classroom of Henricus de Alemannia', c. 1360–90. bpk, Berlin/Kupferstichkabinett, Staatliche Museen, Berlin/Joerg P. Anders/Art Resource, NY. 31頁：British Library, Royal MS 14 E III, f. 146r. 32頁：Cesare Negri, *Nuove inventioni di balli* (1604). Beinecke. 33頁：Getty, MS Ludwig XIII 7, f. 159v. 34頁：British Library, Royal MS 14 E IV, f. 276r. 35頁：Paolo Veronese, *Giuseppe da Porto and His Son Adriano*. Galleria degli Uffizi, Firenze. HIP/Art Resource, NY. 36頁：Österreichische Nationalbibliothek, Cod. Vindob. series nova 2644, f. 105r. 38頁：Thomas Parkyns, *Progymnasmata* (1727). Peabody. 40頁：Johann Dryander, *Der gantzen Artzenei* (1542). Wellcome. 41頁：Melchisédech Thévenot, *The Art of Swimming* (1789). Peabody. 42頁：Thomas Hill, *Naturall and Artificiall Conclusions* (1649). Beinecke. 43頁：St. Gallen, Kantonsbibliothek, Vadianische Sammlung, Ms. 343c, f. 72r. 44頁：*Ortus sanitatis* (1497). Cushing/Whitney. 45頁：Bibliothèque Nationale de France, NAL 3134, f. 80r. 47頁：Getty, MS Ludwig XIII 7, f. 120v. 48頁：Bodleian, MS e Mus. 65, f. 98v. 50頁：British Library, Sloane MS 2435, f. 9v. 51頁：Bodleian, MS Junius 11, p. 53. 52頁：Edward Topsell, *The Historie of Foure-Footed Beastes* (1675). Peabody. 53頁：Burgerbibliothek Bern, Cod. 264, p. 79. 54頁：Plat, *The Jewel House of Art and Nature* (1653). Peabody. 55頁：John Bulwer, *Anthropometamorphosis* (1653). Peabody. 56頁：Sarah Annie Frost, *Frost's Original Letter-Writer* (1867). Peabody. 58頁：British Library, Royal MS 15 E VI, f. 273r. 60頁：'A Dappled Gray Stallion Tethered in a Landscape' (c. 1584–7). Getty. 61頁：Hans Sachs, *Eygentliche Beschreibung aller Stände auff Erden* (1568). Beinecke. 62頁: British Library, Royal MS 6 E VII, f. 67v. 64頁：參見32頁說明. 63頁：Österreichische Nationalbibliothek, Cod. Vindob. series nova 2644, f. 37r. 66頁：參見55頁說明. 67頁：參見55頁說明. 68頁：Elizabeth Raffald, *The Experienced English Housekeeper* (1786). Peabody. 69頁：British Library, Stowe MS 17, f. 153v. 70頁：Philippe Sylvestre Dufour, *The Manner of Making Coffee, Tea, and Chocolate* (1685). Beinecke. 71頁：Bibliothèque Nationale de France, MS français 28,f. 66v. 72頁：Francesco Petrarca, *De rebus memorandis*, trans. Stefan Vigilius (1566). Peabody. 73頁：Walters, W.102, f. 75v. 74頁：參見72頁說明. 75頁：Mattia Giegher, *Li tre trattati* (1561–6). Getty. 76頁：Ulisse Aldrovandi, *De piscibus* (1638). Garrett. 77頁：Morgan Library, MS G.24, f. 10r. *Jacques de Longuyon, Les voeux du paon, c.* (1350). Gift of the Trustees of the William S. Glazier Collection, 1984. The Pierpont Morgan Library, New York/Art Resource, NY. 78頁：British Library, Harley MS 4867, f. 74v. 81頁：Donald Walker, *Walker's Manly Exercises* (1860). Peabody. 83頁：David Tenniers, Tooth-Drawer (c. 167~?). Wellcome. 84頁：Benito Arias Montano, *Humanae salutis monumenta* (1571). Peabody. 85頁：Getty, MS Ludwig XV 3, f. 100v. 86頁：John White, *Rich Cabinet* (1658). Beinecke. 87頁：Joannes Jonstonus, *Historiæ naturalis de piscibus et cetis* (1649). Peabody. 88頁：Conrad Gesner, *Historiae animalium* (1551). Peabody. 89頁：Isaac Fuller, *Iconologia* (1709). Wellcome. 90頁：Getty, MS 100, f. 58r. 91頁：Robert Hooke, *Micrographia* (1665). Eisenhower. 92頁: Theodor Graminaeus, *Beschreibung derer Fürstlicher Güligscher &c. Hochzeit* (1587). Getty. 94頁：Pliny the Elder, *Historia mundi naturalis* (1582). Peabody. 96頁：Wellcome MS 573, f. 53v. 98頁：參見72頁說明. 99頁：*Dame Wiggins of Lee and Her Seven Wonderful Cats* (1836). Peabody. 101頁：Girolamo Mercuriale, *De arte gymnastica* (1601). Peabody. 102頁: British Library Royal 6 E VII, f. 197r. 104頁：John Gerard, *The Herball or Generall Historie of Plantes* (1633). Peabody. 103頁：The Jovial Marriner (1670–82?). Beinecke. 107頁：Morgan Library, MS M.144, f. 4r. Book of Hours, c. 1490. Purchased by J. Pierpont Morgan before 1913. The Pierpont Morgan Library, New York/ Art Resource, NY. 108頁: Magnus Hundt, *Antropologium de hominis dignitate* (1501).

Ask the Past 281

Wellcome. 109頁：Getty, MS 100, f. 24r. 110頁：Desiderius Erasmus, *Moriæ encomium*, trans. White Kennett (1709). Peabody. 111頁：*Routledges Ball Room Guide* (1866?). Peabody. 113頁：James Bretherton, 'A Tour to Foreign Parts' (1778). Walpole. 114頁：參見59頁說明. 115頁：British Library, Additional MS 42130, f. 171r. 116頁：Fortunio Liceti, *De monstrorum caussis* (1634). Peabody. 117頁：Thomas Rowlandson, 'Transplanting of Teeth' (1790). Wellcome. 118頁：'The Pretty Barmaid' (c. 1825). Wellcome. 119頁：British Library, Sloane MS 1975, f. 14v. 120頁：參見61頁說明. 123頁：Österreichische Nationalbibliothek, Cod. Vindob. series nova 2644, f. 85v. 124頁：*Michael Maier, Scrutinium chymicum* (1687). Peabody. 126頁：Bodleian, MS Bodl. 264 pt. 1, f. 56r. 127頁：Wellcome, MS 990, p.572. 129頁：Getty, MS Ludwig IX 8, f. 6r. 130頁：*The Daily Graphic* (June 1879). Peabody. 131頁：Everard Digby, *De arte natandi* (1587). Garrett. 132頁：British Library, Royal MS 6 E VI, f. 503v. 133頁：Elizabeth Blackwell, *Herbarium Blackwellianum* (1757). Beinecke. 134頁：參見72頁說明. 136頁：John Jonston, *Historiae naturalis de insectis*, (1653). Peabody. 137頁：David Deuchar, Man at a Table. Wellcome. 138頁：Wenceslaus Hollar, *Portrait of Giovanni della Casa*. Courtesy of the Thomas Fisher Rare Book Library, University of Toronto. 140頁：Walters, W.51, f. 2r. 141頁：*No-body and Some-body* (1606). Beinecke. 142頁：參見110頁說明. 143頁：Matthias de L'Obel, *Kruydtboeck* (1581). Wellcome. 144頁：參見61頁說明. 147頁：Heidelberg University Library, Cod. Pal. Germ. 848, f. 46v. 148頁：Österreichische Nationalbibliothek, Cod. Vindob. series nova 2644, f. 65v. 150頁：參見55頁說明. 151頁：參見32頁說明. 152頁：Giambattista della Porta, *De humana physiognomia* (1602). Cushing/Whitney. 154頁：參見110頁說明. 155頁：參見72頁說明. 156頁：Österreichische Nationalbibliothek, Cod. Vindob. series nova 2644, f. 104r. 157頁：Getty, MS Ludwig XV 3, f. 99r. 158頁：P. Boone, *Allegories of the Senses* (1561). Wellcome. 159頁：參見55頁說明. 160頁：*Harper's Weekly* 25 (June 18, 1881). Peabody. 161頁：Getty, MS Ludwig XV 9, f. 43v. 162頁：Getty, MS Ludwig XIV 6, f. 126r. 163頁：參見61頁說明. 164頁：*La légende de Béguinette* (1903). Eisenhower. 165頁：參見101頁說明. 168頁：Jean de Laet, *Histoire du nouveau monde* (1640). Beinecke. 167頁：Abraham Bosse, 'Anchora Inparo' (1538). Wellcome. 169頁：參見104頁說明. 170頁：*The Compleat Housewife* (1758). Peabody. 171頁：British Library, Stowe MS 17, f. 143r. 172頁：Johann Theodor de Bry, *India orientalis* (1598). Peabody. 173頁：Wellcome, MS 136, f. 64v. 174頁：*Harper's Bazaar* 29, no. 11 (March 14, 1896). Peabody. 176頁：*Advice to the Ladies of London* (1686–8?). Beinecke. 178頁：Österreichische Nationalbibliothek, Cod. Med. Graec. 1, f. 312r. 179頁：參見101頁說明. 180頁：*Albertus Seba, Locupletissimi rerum naturalium thesauri accurata descriptio* (1734–65). Peabody. 183頁：Hans Holbein, *Simolachri: Historie e figure de la morte* (1549). Peabody. 184頁：參見61頁說明. 186頁：Österreichische Nationalbibliothek, Cod. Vindob. series nova 2644, f. 60v. 187頁：Bodleian, MS Rawl. Q. b. 5, f.

162r. 188頁：Wellcome, MS 990, p. 142. 191頁：Bodleian, MS Bodl. 264 pt. 1, f. 73v. 192頁：British Library, Additional MS 42130, f. 207v. 193頁：Ulisse Aldrovandi, *Monstrorum historia* (1642). Peabody. 194頁：Heinrich von Louffenberg, *Artzneybuch* (1546). Wellcome. 196頁：Female Knight, Visconti Tarot. Beinecke. 198頁: British Library, Royal MS 6 E VI, f. 128v. 199頁：Thomas Heywood, *Philocothonista* (1635). Beinecke. 200頁：參見61頁說明. 201頁：Österreichische Nationalbibliothek, Cod. Vindob. series nova 2644, f. 101v. 202頁：Richard Mead, *A Mechanical Account of Poisons in Several Essays* (1745). Wellcome. 203頁：參見32頁說明. 205頁: Walters, W.106, f. 15r. 207頁：Charles Elmé Francatelli, *The Modern Cook* (1846). Beinecke. 208頁：Walters, W.425, f. 12r. 209頁：參見72頁說明. 210頁：參見52頁說明. 211頁: Jacopo Pontormo, *Portrait of a Young Man Wearing a Red Coat*. Pinacoteca Nazionale di Palazzo Mansi, Lucca. Alinari/Art Resource, NY. 212頁：'The Honey-moon' (1777). Walpole. 213頁：René Descartes, *Specimina philosophiae* (1650). Peabody. 214頁：Morgan Library, MS M.1044, f. 44v. Gaston Phebus, *Livre de la chasse*, c. 1406–7. Bequest of Clara S. Peck, 1983. The Pierpont Morgan Library, New York/Art Resource, NY. 217頁：*The Young-mans Unfortunate Destiny* (1684–95?). Beinecke. 218頁：參見133頁說明. 219頁：Cesare Ripa, *Iconologia* (1644). Beinecke. 220頁：Walters, W.106, f. 18v. 222頁：Getty, MS Ludwig XIV 6, f. 27r. 223頁：參見55頁說明. 224頁：參見55頁說明. 226頁：Izaak Walton, *The Compleat Angler* (1665). Peabody. 227頁：Joachim Camerarius, *Symbolorum et emblematum centuriæ quatuor* (1677). Peabody. 228頁：Bodleian, MS Douce 204, f. 37v. 230頁：Getty, MS 100, f. 26v. 231頁：參見183頁說明. 233頁：參見88頁說明. 234頁：Lyon, Bibliothèque municipale, MS 6881, f. 30r. 235頁：Jean-Baptiste Louvet de Couvray, *Les Amours du Chevalier de Faublas* (1821). Peabody. 236頁：Bodleian, MS Douce 276, f. 118r. 237頁：Mario Bettinus, *Apiaria vniversæ philosophiæ mathematicæ* (1642). Peabody. 238頁：*The Underwear and Hosiery Review* 1, no. 4 (February, 1918). Eisenhower. 239頁：參見55頁說明. 241頁：Bartolomeo Scappi, *Opera* (1570). Eisenhower. 242頁：Lyon, Bibliothèque municipale, Rés. Inc. 58, f. 43r. 243頁：British Library, Royal MS 6 E VI, f. 179r. 244頁：Francesco Maria Guazzo, *Compendium maleficarum* (1626). Peabody. 245頁：MS 418, f. 45r. Beinecke. 246頁：參見52頁說明. 248頁：William Heath, 'Do you care to have your bed warm'd sir?' (1828?) Walpole. 247頁：參見52頁說明. 250頁：Getty, MS 46, f. 71r. 251頁：MS 404, f. 148r. Beinecke. 252頁：參見72頁說明. 255頁: Walters, W.760, f. 173r.

餐桌上的中世紀冷笑話 二版
耶魯歷史學家破解古典歐洲怪誕生活

Ask the Past
Pertinent and Impertinent Advice from Yesteryear

伊麗莎白・阿奇柏德 Elizabeth P. Archibald／著
何玉方／譯

Copyright© Elizabeth Archibald 2015
This edition is published by arrangement with Elizabeth Archibald
through Andrew Nurnberg Associates International Limited.
Complex Chinese Translation copyright ©2025 by Briefing Press, a Division of AND Publishing Ltd.
ALL RIGHTS RESERVED

| 書　　系 | 知道的書 Catch on! | 書　　號 | HC0060R |

著　　者｜伊麗莎白・阿奇柏德（Elizabeth P. Archibald）
譯　　者｜何玉方

行銷企畫｜廖倚萱
業務發行｜王綬晨、邱紹溢、劉文雅
總 編 輯｜鄭俊平
發 行 人｜蘇拾平

出　　版｜大寫出版
發　　行｜大雁文化事業股份有限公司
　　　　　www.andbooks.com.tw
　　　　　地址：新北市新店區北新路三段 207-3 號 5 樓
　　　　　電話：(02)8913-1005　傳真：(02)8913-1056
　　　　　劃撥帳號：19983379　戶名：大雁文化事業股份有限公司

二版一刷｜2025 年 2 月
定　　價｜650 元
版權所有・翻印必究
ISBN 978-626-7293-95-9
Printed in Taiwan・All Rights Reserved
本書如遇缺頁、購買時即破損等瑕疵，請寄回本社更換

國家圖書館出版品預行編目 (CIP) 資料

餐桌上的中世紀冷笑話：耶魯歷史學家破解古典歐洲怪誕生活｜伊麗莎白・阿奇柏德（Elizabeth P. Archibald）著｜何玉方譯｜二版｜新北市：大寫出版：大雁文化發行，2025.02
288 面；14.8x21 公分（知道的書 Catch On!；HC0060R）
譯自：Ask the Past : Pertinent and Impertinent Advice from Yesteryear
ISBN 978-626-7293-95-9（平裝）

1.CST: 文化史　2.CST: 生活史　3.CST: 通俗作品　4.CST: 歐洲
740.3　　　　　　　　　　　　　　　　　113017826

Ask the Past
Pertinent and Impertinent Advice from Yesteryear

Ask the Past
Pertinent and Impertinent Advice from Yesteryear